Winfried Wagner, Humor auf Schwäbisch

Winfried Wagner

Humor auf
Schwäbisch

Augenzwinkernde Einblicke in
schwäbische (Un-) Zulänglichkeiten

mit Zeichnungen von
Hans Helferstorfer

Verlag Karl Knödler
Reutlingen

2. Auflage 1992
© Copyright 1988 bei Verlag Karl Knödler, Reutlingen
Alle Rechte,
einschließlich derjenigen des auszugsweisen
Abdrucks und der fotomechanischen Wiedergabe, vorbehalten.
Printed in Germany 1992
Herstellung: Druckerei Harwalik KG, Reutlingen
ISBN 3-87421-162-2

Inhaltsverzeichnis

I ben jetzt fai ao onder d Verleger ganga . . 7
Ach isch des schee 8
D Frau Lehmann ond ihr Babagai 10
Mitem Flugzeug noch Berlin 12
Komm mir vrgessads 21
An Schwob en Hamburg 22
So oifach ischd des 23
Wenn an Schwob hochdeutsch schwätzt . . 24
Beim Betriebsfuaßball 25
Auf dr Lebensbühne 32
S Geheimnis vom Zuahöra 34
Komisch 36
Oh Spieler laß des Spiela sai 37
Ahoi 38
Saure Gurkarädla *(Theaterstück)* 39
Sonnaschdich 59
Dr Äpfelbaum 60
Schmoißflieaga 62
Des kaschd ao oifacher hann 64
S frische Hemmad 65
Oh Herr Pfarrer 68
Überleg dirs guad 70
Domm oder gscheit 72

Emmer mit dr Ruha	74
Schmerz laß noch, dr Dokter kommt	76
Gsichtsverluschd	85
Schwäbisches Schi-Gebet vor der Abfahrt	86
Dr Schdaubsaugermord *(Kurzkrimi)*	88
Oh noe	90
Pralinabäumla	91
An guader Rot	95
Wegslhaft	96
Dr Hausma *(Theaterstück)*	97
Getrennte Betta wedd i edda	119
D Kehrseite von dr Medallje	120
Diea arme Reiche	121
S trügt ao oft dr Schei	122
S kommt emmer drauf ah	124
Dr schwäbische Mischder Universum	126
Wahre Freunde	132
S Daschaschbieagale	134
Ach der schöne Schwartamaga	138
Merkwürdig	140
En dr Sauna könntsch auf dr Sau naus	141
I wedd a Schneck sai	150
S Vateronser auf schwäbisch	152
Biografie: Winfried Wagner	154
Biografie: Hans Helferstorfer	156

I ben jetzt fai ao onder d Verleger ganga

Erschd kürzlich hann i wieder a ganz intressants Buach mit viele tolle Farbfotos verlegt.

Des hann i bis heut no ed wieder gfonda!

Ach isch des schee

Gibts eigentlich ao
a schöners Gfühl,
als des, wemmer em
Wartezemmer voma
Zaharzt sitzt?

Om oin rom hockad
lauder Leud mit
gschwollane Backa.

Ausem Behandlungs-
zemmer hört ma da
Bohrer surra ond
Schmerzensschroi.

Ond selber muaß ma
bloß s Gebiß von
dr Oma abhola!

D Frau Lehmann ond ihr Babagai

Als Erbe hod Frau Lehmann,
von a ma alda Seemann,
an Babagai erhalda,
se soll des Tier vrhalda.
A Weible ischs, trotz älladem,
wars dr Frau Lehmann ed bequem.
Des Viech war frech ond schempft ond lieagt,
se hod schier ihren Koller grieagt!
Zom Pfarrer gohd se en dr Not,
der brengt dui Sach no schnell ens Lot.
Er selber hod zwoi Babagaia
ond lieab send diea, von Kopf bis Zaia!
Diea dend dr ganz Dag nix wiea betta,
oi Harmonie, a so a netta.
Zwoi Männla sends ond schempfad niea,
diea sollads Weible jetzt erzieha.
D Frau Lehmann brengt ihrn Babagai
ond setzten zo de Buaba nai.
Des Weible schempfd diea boide ah,
doch d Mala bettad vor sich nah.
Ond moh sich no des Zemmer leert,
an Rucker durch diea boide fährt.
Se jublad laut: »Des Weib kommt wohl spät,
doch hod mer erhört, onsre Gebet!«

Mitem Flugzeug noch Berlin

Mo dui em Reisebüro zo mir gsagd hod, daß mer möglichschd koi Übergwicht mitbrenga soll, isch mirs so naigfahra, daß i beim nägschda Essa bloß no dreimol rausgschöpft hann, schdadd wiea sonschd! Se hod wohl gmoind, daß sich des bloß auf diea Koffer bezieag, aber wenn diea do scho so gnau send, no muaß i womöglich no doppld zahla!
I hann mirs lang überlegt, obe dui ganza Salami mo i als Notratsio drbeighedd hann, raus doa soll, aber

no hanne lieaber da Regaschirm drhoim lassa. Ond mai Veschberbrettle mitem Bschdeck hanne en mai Aktadasch naidoa, zom Ausweis ond zor Flugkart nah, daß mers wichdigschde emmer bei dr Hand hod.

Mo i no en dui Flugabfertigungshalle naikomma ben, hanne zerschd so a baar Japaner gfrogt, mo der Schalter ischd, mo ma durchsuacht wird. Diea hend mir no auf maim Flugschei guckt ond hend gsagd mo i nah muaß.

I hann no main Koffer ond mai Aktadasch gschnabbd, hann da Bauch aizoga, so guads hald ganga ischd, daß der Ahgschdellde ed seha soll, daß i a bißle Übergwicht hann ond no bene an den Schalter nahglaufa.

Der hod no main Koffer gwoga, hod mie so schräg von dr Seit ahguckt ond no ischdr aufgschdanda, hod da Vorhang von soma Raum zrückzoga ond hod gsagt: »Gangad Se do nai, s kommt glei ebber!«, ond no hodder da Vorhang wieder zuazoga.

I hann no drweilschd ahgfanga mit auszieaga. Ja – i ben ao schenand! – Aber i hann jo gwißt, daß des auf mie zuakommt.

Grad mone voll an de Schdrempf gwäa ben, ischd oiner raikomma. – Des vrgeß i dem ed, wiea der glachad hod!

No hodder gsagd: »Oh Herr, zieagad Se sich no

wieder ah. – Heutzudag duad ma d Fluggäschd bloß no über d Kloider abtaschda!«
Ja no brauchd ma sich ed wondera, wenn wirklich so viel bassiert!
Wieane grad en mai Hos naischlupfa will, sieh i auf oimol en de Augawenkl, wiea der main Mantl wegnemmt, den an a ganz glatta Wand nahdruckt ond no emmer hin ond her schdreicht.
Ha no hanne denkt, der ischd jo ed ganz bacha! Dem muaschd helfa, des ischd an armer Mensch.
No hanne zonnem gsagd: »Siea, selbschd wenns an dera Wand dort an Gadrobahoka hedd, – s hedd koin Wert, weil main Aufhenger abgfatzt ischd!«
Jetzt hod der behaubdad, er hedd main Mantl grad noch Waffa durchleuchdad!
Ond weile amol glesa hann, daß mer solche Menscha ed widersprecha soll, hanne nix meh gsagd, hann mc voll ahzoga ond ben no ganga.
Mit ma Bus hend se ons no alle zo soma Flugzeug gfahra. I ben no glei dui Drepp nauf ond nai en da Flieager. Do hanne no so a Bedienung gfrogt, mo i nahsitza soll – wegam Gleichgwicht!
Ond obwohl ihs zorra gsagd ghed hann, se soll aufbassa, wega maim Übergwicht – do hanne jo scho zahlt ghed – setzt dui mie ganz hendanomm!
Nadierlich ischs Flugzeug henda nonder ghangad, mo mir gschdardad send.

Mir send aber no aufem Boda gwäa, no hods auf oimol ghoißa, ma soll sich ahschnalla.
Jetzt send mir maine Gurt hieba ond dieba bloß bis zor Hälfte romganga. – No hanne dera Bedienung gschriea ond hann gsagd, daß mir ed schdarda könnad, weil i mie ed ahschnalla ka.
No hod se zommer gsagd, i soll me ed aufrega, diea kenn ma weider macha – des miaß se bei Schwangere ao emmer doa!
Ond blöderweis hann i ed gfrogt wiea diea wieder aufgangad! – Weil glei drauf a ältera Frau neba mie nahgsessa ischd, mo z schbät komma ischd. – Ond dui hod mir äwwl an maine hendere Oberschenkel romgrublad.
No hanne zorra gsagd: »Wiea, was ischd denn des?!« Jetzt hod dui behaubdad i hock auf ihrem Gurt! Ja i hann ed nora kenna, so hend se mie naigschnallt ghedd.
Jetzt hanne also dera Bedienung wieder gschriea ond hann gfrogt, ob se mie ed wieder losschnalla kennd, mir miasse do ebbas gucka. – Jetzt hods also gschdemmd ghed. – No hanne mainer Nebasitzere ihren Gurt nomm gebba ond hann me entschuldigt bei ra, aber dui hod me ed vrschdanda. Dui ischd ed von hiea gwäa.
Auf oimol buckt sich dui nonder, – hebt a Lederdragdasch auf ond schdellt sich dui auf da Schoß.

En dera Lederdragdasch ischd a Dackale drenn gwäa. Ond des hod an dr Seit da Kopf rausgschdreckt. Dr Reißvrschluß oba ischd so zuazoga gwäa, daß der Dackel grad no hod da Kopf bewega kenna. Zerschd hodder a bißle omananderguckad ond auf oimol hodder mie gseha! – Jetzt hod der ahfanga mit bella, des ka ma sich gar ed vorschdella! – Des war an richdiger Bellahfall!
Ond an dem Sitz, mo diea gsessa send, war an Schild: Fasten Seat belt!
Fasten Seat – des ischd doch an saubleeder Nama für an Hond! – Ond außerdem hend se bellt bloß mit oim l gschrieba.
Komm, hanne denkt, sechschd nix. Des war jo ao a ausländischa Fluglinie – ond zua kritisch soll ma jo ao ed sai.
Jetzt hend se ons no so Sauerschdoffmaska vorgführt, ond em Vordersitz warad so Broschbekt drenn, do hod ma miassa nochlesa, mo ma überal nausjucka ka, wenn ebbas bassiert ischd.
No isch mirs ganz flau worra em Maga. – Ond des ischd emmer a Zoiche von Honger, des woiß i. Also hanne dera Bedienung wieder gschriea ond hann gsagd, se soll mir ao d Schbeisekarte brenga. Noch Berlin flieagt ma 50 bis 60 Minuta. – Ja i hann ao zo dem Frailain gsagd: »I kahs nochher ed so nonderschlenga!«

Jetzt hod dui zo mir gsagd, auf so kurze Schdrecka gäbs nix zom essa! − Des hod mir dui em Reisebüro ed gsagd ghed. Dui hod wohl gsagd: »An Bord ischd alles umsonschd!« − Ha no hann doch i drhoim nix gessa − oder?

Dui Bedienung hod no gmoind, z trenkad kenne hann was i well. − Aber mo se no ao koin Moschd drbei ghed hod, hanne zorra gsagd: »Sie Frailain, vielleicht wärs gscheider, Sie brengad mir ebbas was Se hend, als mie äwwl so romrota lassa!«

Aber daß mir dui ausgrechnad an Tomatasaft brengt! Des ischd fai s oinzige Getränk, außer Lebertran, mo i wirklich ed mag. − Do hann i mie arg beherrscha miassa, daß i des ed em Fasten Seat en sai Dasch gleert hann.

Do hedd i en 3000 Meter Höhe sowieso ed gucka wella, wiea dui Dasch enna ausgseha hod!

Jetzt hanne also extrem luschtlos an maim Tomatasaft romzullad, no höre auf oimol, wiea andere Cola bschdellt hend. Ond Cola mag i, des ischd süaß ond guad. − No hann i mir also ao ois bschdellt. Jetzt machad diea extra für Flugzeug so 0,15 Milliliterdösla! − Ja diea wärad recht gwäa für an Kauflada oder a Doggaschdub! Aber ed für a ausgwagses Mannsbild!

Drfür hod se ao ganz giftig guckad, mo se mir siebte Dösle hod brenga miassa.

Gseha hod ma aufem Flug nix, weil onder ons a gschlossana Wolkadecke war. – No hod ma diea Luftlöcher so richdig genießa kenna, weil dr Fasten Seat no ao mit dr Zeit sai Gosch ghalda hod. Wenn so a Luftloch komma ischd, ischs Flugzeug nonderganga, wiea mit ma Aufzug. Mir warad no scho onda, en de Wolka. – Aber mai Maga war emmer no oba ond hod de letschde Sonnaschdrahla genossa. Ond mo mir no en Berlin glandad send, des war ao so a Deng. – I ben jo ganz henda gsessa, nebam Ausgang ond war also als erschder an dr Trepp oba. Jetzt send do onda an Haufa Leud gschdanda, mit Blumaschräuß ond hend raufgwonka. – Ond Fotografa send do gwäa! – I hann mie so gfreud, daß i sogar en Berlin so bekannt ben. – Wenn Ses ed glaubad, könnad Se da Bundeskanzler froga, der ischd neba mir gschdanda ond hods gseha!

En dr Gepäckausgabehalle send an Haufa Leud om a Flieaßband romgschdanda ond hend sich de schönschde Koffer rausgsuachd. – I hann nadierlich aufbaßt, daß mir main niemand wegschnabbt, weil i jo ed so ohne weiteres von andere Leud ihre Kloider ahzieaga ka.

Aber s Dickschde war, wiea i nauskomma ben, mit maim Koffer ond mainer Aktadasch vor dui Flugabferdigungshalle, ischd bloß no oi Taxi dogschdanda. Guad, – i moin, normal langt mir des!

Jetzt hann i dem also and Beifahrerscheib nahklopft ond hann gfrogt, ob er mir ed für dui Strecke vom Flughafa bis zo maim Hotel en Charlottaburg an Koschdavorahschlag macha könnt. – Vielleicht hedd sichs glohnt, daß i glaufa wär.
Ond wiea der Herr grad so rechnad, gohd de hender Audodür. An jonger Kerle schdeigt ai, haut Dür zua ond kurbelt s Fenschder ronder.
Jetzt hann i für mie denkt, er bieadad mir fairerweise ah, daß i mit end Schdadt naifahra könnt. Aber wissad Se was der zo mir gsagd hod?
»Da kiekste Dicker wa? – Aber so is det Leben!«
Ond no ischdr ahnegfahra ond i hann guckad, wiea dr Fasten Seat, mo mir glandad send!

Komm mir vrgessads

Seit mir amol
aufgfalla ischd,
was i ao äwwl
ällas vrgess,

ond an was sich
mai Frau äwwl
no ällas
erennera ka,

ben i am über-
lega, was
wohl de
größer
Gnade
ischd.

An Schwob en Hamburg

An Schwob ischd mol en Hamburg gwäa
ond hod diea viele Schiff dort gseha.
S hauden schier om, den Schwob, den brava,
so wemmlads do vo Schiff em Hafa.

Vor ama großa bleibt er schdanda.
Er schdohd ganz vorna an dr Kanda.
Do guckt auf ehn an Neger ronder
ond do wird onser Schwäble monder:

»Laß ao des Soil ra!«, schreit er nauf,
der Neger guckad edmol auf.
Do schreit er nommol, – wieder nix,
no packt ehn Tücke des Geschicks.

»Parlewu frasä? – Vrschdohschens ed?«
Dr Neger droba vrregt sich ned.
»Du ju schbik englisch?«, frogt er jetzt,
dr Neger kommt ans Glender gwetzt:

»Au jes! – Au jes!« – Er wenkt wiea narrad,
em Schwob, der auf sai Antwort harrad.
»Also guad!«, schreit der noh drauf,
»Laß dai Soil ra, i komm nauf!«

So oifach ischd des

Wenn ebber
zo dir sagd,
er will ebbas
für die doa,

no hoißt des
maischdens,
daß er ebbas
von dir will!

Wenn an Schwob hochdeutsch schwätzt

A kleina Sammlung mit Originalaussprüch von maine Kollega:

»Also Postkartenschecks haben wir keine mai!«

»Soll ich Ihnen die Leiter heben, sie ist ein bißchen naren gegangen?«

»Die Beige Überweisungen habe ich hinten hinum gelegt!«

»Moment, da muß ich geschwind in die Registratur hintere!«

»Soll ich das Licht brennen laun?«

»Ich bin gauch gleich fertig!«

»Darfs ein Fünfmarkstein-schein sein?«

»Das können Sie hier hin lainen!«

Beim Betriebsfuaßball

Untertitel: An Schdar wird gebora

Eigentlich ben i jo bloß auf da Schbortplatz ganga, weil onser Scheff gsagd hod, daß jeder von de Mitarbeiter, mo onser Betriebsfuaßballmannschaft mit ahfeuert, vom Gschäft a Veschber zahlt grieagt! Anscheinend hod der des bloß zo mir gsagd ghed, weil i, außer onserer Mannschaft, dr oinzige gwäa ben, mo do war. – Ond eddamol onser Mannschaft ischd vollzählig gwäa. – Onser Martinshorn hod no gfehlt. Zo dem sechd mer hald Martinshorn, weil er Martin hoißt ond weiler nebaher no Fahrer ischd vom Kommandandawaga bei dr Feuerwehr.
Also hod ma d Muadder vom Martinshorn ahgruafa, mo ihr Jonger sei. Ond do hemmer no erfahra, daß grad, mo er mit dr Schbortdasch hod zor Dür naus wella, Feueralarm gmeldad worda ischd ond daß mir jetzt ohne ihn schbiela miassad.
Jetzt was doa? – Zerschd hannes gar ed so gmerkt, daß mie maine Kollega äwwl so gmuschdert hend. – Bis auf oimol oiner den Vorschlag gmacht hod, daß no hald i mitschbiela soll!
I hannem no glei gsagd, daß er an Knall häb, ond daß i en maim Leaba no niea Fuaßball gschbielt hedd.

No hod onser Prokurischt gsagd, er häb ao no niea gschbielt ond mach ao mit. – Der hod guad schwätza! Erschdens wiegt der bloß d Hälfte von mir, ond zwoidens saut der fascht äll Dag aufem Tennisblatz omanander!

Ond no ischd mir der rettende Aifall komma! Freudeschdrahlend hann i verkündad, daß es selbschdverschdändlich für mie a Ehre wär, wenn i en dui Bresche schbrenga könnt, doch leider hedd i weder Fuaßballschdiefel no an Schbortdreß drbei. A baar Augablick lang hann i main Aifall für genial ghalda, – bis se mir auf oimol von älle Seita Reservekickschdiefel, Fuaßballerhemadla, Schborthosa ond Knuischdrempf nahghoba hend.

Blöderweise hend diea Turnschuha baßt ond des Trikothemadle hod sich ao dehna lassa. – No hann i hald mai ganza Hoffnung auf dui Turnhos gsetzt. Ond tatsächlich ischd se ao bloß halba rauf ganga, wiea so an Minislip.

De Maischde hend da Kopf gschüddld, ond i hann scho denkd ghed, daß i jetzt ed mitschbiela muaß, no sechd auf oimol oiner, ja no soll i hald mai Hos heba, beim saua!

Jetzt hanne älles auf oi Karte gsetzt ond ben ruckartig nonderghuddarad. – Ratsch hods gmacht, ond i ben em Freia gschdanda!

No ischd wieder a Weile Hektik gwäa.

Bis auf oimol oiner an Schroi nausduad ond auf so a Vitrine deudad. Dort send Fuaßballkloider von ganz früher ausgschdellt gwää. Ond do ischd ao so a kniealanga Turnhos drbei gwää, mo ma vorna no hod schnüra kenna.

No hanne gwißt, daß dui Schlacht vrlora war!
Jetzt semmer also älle mitnander om onsern Schbielertrainer romgschdanda. – Schbieler, weil er hald ao mitgschbielt hod, ond Trainer, weiler gsagd hod, daß er sonschd AH schbielt.
I hann zwor ed gwißt, was des für a Schbiel ischd, hann no aber hald ao »Aha!« gsagd.

Der Ahaschbielertrainer hod ons no taktische Ahweisunga für nochher gebba.

Mir solle hauteng decka, jeda Möglichkeit zom Konter ausnutza, koin Kopfball ond koine hohe Flanka, sondern flach schbiela. — Ond wenn mir oina grieagt häbe, sollad mir voll auf Ahgriff ganga ond ao feschd mit dr Abseitsfall schaffa!

I hann no nommol »Aha!« gsagd. — Aber weil sonschd niemand gfrogt hod, ben i hald ao ruhig gwäa. Ond mo onser Ahatrainer gsagd hod, mir solle ons jetzt no a bißle aufwärma, no ben i ens Schbortheim naigsessa, an da warma Kachlofa nah ond hann a hoißa Nudlsupp gessa.

No hanne so richdig dampfad, mo i nauskomma ben! I ben no zom Dorwart naigschdanda, weil i mie mit dem em Gschäft am beschda vrschdand. — Aber onser Ahaschbieler hod gmoind, es sei velleicht besser, wenn i dr rechde Vrteidiger mach.

I ben no hald weider rausgschdanda. — Aber bloß so weit, daß i mie hann mitem Dorwart no onderhalda kenna.

Ond no ischd dr Schiedsrichter komma! — Der war scheints en Trauer, weiler ganz schwarz ahzoga gwäa ischd.

Zerschd hanne denkd, i gang gschwend zonem nah ond durem mai Beiloid wenscha, aber no hod der s Schbiel scho ahpfiffa ghed.

Am Ahfang war ed viel los vor onserm Dor.
I hann mie nommol kämmt ond maine Turnschuha frisch bonda. – Auf oimol send älle drher gsaud komma! I benen noh a bißle entgega glaufa, aber diea hend äwwl bloß mitanander gschbielt. – Des war mir no doch z blöd! – Ond wiea i grad hann weglaufa wella, hod oiner ed reacht zielt ghed ond der Ball ischd mir genau vord Fiaß grollad.
No ben i losgrast. – Aufem rechda Flügel durchbrocha ond nai end gegnerischa Hälfte.
Gschickt hann i a baar von denne omschbielt. – Ond des ischd erschdaunlich guad ganga, weil diea älle schdanda blieba send!
No ben i hald alloi gsaud.
Sogar der Dorwart von denne hod saine Händ en de Hüfta ghed ond hod mie ganz saudomm ahguckt. Velleicht war der auf main blitzartiga superschnella Überraschungsahgriff gar ed vorbereidad? – Egal! I hann dui ganz großa Möglichkcit gseha, daß main Nama em Gschäft sainer Betriebsfuaßballgeschichte unschderblich wird – ond hann voll abzoga!
I woiß gwieß, wenn s Fernseha drbei gwäa wär, des hedds Tor des Monats gebba!
I hann mie romdreht, maine Ärm hochgrissa ond aigentlich hann i mie no auf d Knui falla lassa wella, aber no hend mir maine Knuischüssala loid doa, also ben i schdanda blieba.

Ond wiea i so a Weile doschdand ond warde, daß maine Kollega an mir naufschbrengad ond mie omarmad, hanne gmerkt, daß sich von denne überhaubt koiner verregt.
No hann i gfrogt, ob se eigentlich ed gmerkt heddad, daß i a Dor gschossa häb. – No hend diea zrückgfrogt, ob i eigentlich ed gmerkt häb, daß des Schbiel scho lang abpfiffa war.
Nadierlich hann i des ed gmerkt, weil auf denne andere Kleinschbielfelder ao gschbielt worda ischd, ond do hod schdändig irgend ebber omananderpfiffa. No ischd der Schiedsrichter auf mie zuaglaufa ond hod mir so a gelbs Kärtle nahghoba.
I hann no denkd, des sei a Veschbermärkle ond hann drnoch glangad. – Aber no hods der Feigling wieder wegzoga. – No hannem ao ed konduliert! Ond kaum hend mir wieder weidergschbielt, hod der Schiedsrichter scho wieder pfiffa ond an da Hemmel naufzeigt. – No hann i hald ao guckad, was los ischd, ob ma an Zebbalin oder an Hoißluftballo siehst, aber jetzt hod mie der Schiedsrichter scho wieder raiglegt ghed. – Weil de andere, während i guckd hann, bei ons a Dor gschossa hend. No hanne mit dem aber nix meh gschwätzt. – Eddamol meh, mo der mir wieder so a gelbs Veschbermärkle nahghoba hod. – Weil zwoimol fall i fai auf da gleicha Drick ed rai!

I ben no s ganze Schbiel voll nemme en da Ballbesitz komma. Deshalb ben i grad froh gwäa, daß mie onser Dorwart hod braucha kenna. Er hod bei ra Kopfballabwehr nemlich saine Kontaktlinsa vrlora. No semmer mendaschdens zehn Menuda em Gras knuilad ond hend diea Denger gsuachd. – Bis er auf oimol gmerkt hod, daß ehm diea Linsa auf saine Augäpfl bloß vrrutscht gwäa send.

Aber gwonna hend mir oineweg ed. – Wega dem dubbalicha Dor, mo dr Schiedsrichter schuld gwäa ischd, ond wega sieba andere Dor ao no, mo ähnlich blöd glaufa send.

Aber trotzdem hemmer nochher em Schbortheim älle omsonschd veschbera ond drenka derfa.

Do hann i no wieder zo mainer alda Form zrückgfonda! Ond mo onser Ahaschbielertrainer noch dr siebda Halba gsagd hod, daß mir wahrscheinlich ao vrlora heddad, wenns Martinshorn drbei gwäa wär, no hann i mie sogar no a bißle über des Lob gfraid!

Auf dr Lebensbühne

Manche Leud glaubad
doch tatsächlich,
daß se ihre Mitmenscha
en dr Hand hend,
ond mit denne
rom'schbiela könnad,
wiea mit Marionetta-
figura.

Ond denkad dodrbei
aber ed dra,
daß se doch
selber an so ma
seidana Fada
hangad!

S Geheimnis vom Zuahöra

Es schwätzad diea Menscha
so oft ohne Ruha.
Wenn andere schwätzad,
hörad se ed zua.
Se stellad sich selber
en strahlendes Licht.
Diea Wort von de andre,
diea merkad se nicht.
Ach z viel gohd vrlora,
viel z viel ohne Gwenn.
Drom hald meh dai Göschle
ond mach auf dain Senn.
Wenn du still bischt
ond hörschd de andere zu,
no wirschd du bald gwenna
viel Freund dir em Nu.
Weil wer schweigt ond wer schwätzt,
bloß zor richtiga Zeit,
macht domit diea Herza
von de andere weit!

Komisch

...wiea oim an Mensch ao glei viel
   sympathischer ischd, wenner Geld hod!

...wiea oin an Mensch ao glei viel meh
   entressiert, wenner ebber ischd!

...wiea viel gerner ma ao emma Menscha ebbas
   z lieab duad, wenner guad aussieht!

Ond dodrbei ischd doch gar ed gsagt,
ob diea arme, ohbedeutende ond wüaschde
Menscha ed an viel bessera Charakter hend!

Deshalb semmer ao selber schuld,
wemmer emmer wieder raifallad!

Oh Spieler laß des Spiela sai

Es spielt an Spieler spielerisch,
des Spiel vom großa Spiel.
Daß er jo möglichschd viel vrwisch,
des ischd sain Senn ond Ziel.

Oh Spieler laß des Spiela sai,
es brengt die bloß en Gfahr!
Benomma, wiea vom viela Wai,
denkschd du do nemme klar.

Bloß kurz von Dauer ischd dai Freud,
wenn du mol ebbas gwennschd.
Denn bischd ao zfrieda du für heut,
am nägschda Morga rennschd

du daine nägschde Wünsch voraus!
Wenn ebber warna will,
denkschd du, des Geld grieag i scho raus,
ond sechschd zo dem: »Sei still!«

No spielschd du wieder s große Spiel,
vrlierschd dai Hab ond Guat.
Zom Spieler sai, do ghört ed viel,
zom Aufhöra doch Muat!

Ahoi

S Leaba ischd
wiea a Meer,
ond mir send
Schiffla.

Seid i gseha
hann, wiea
schnell so
a Schiffle
absaufa ka,

freu i mi ao
über Rega,
Sturm, Wella
ond Flauta.

Ao wenns mol
schaukelt –

Hauptsach
isch doch,
daß ma über-
haubt no
schwemmt!

Saure Gurkarädla

Ein schwäbischer Sketsch für 3 Personen:

Personen: Vater, Mutter und Sohn.
Bühnenbild: Wohn- oder Eßzimmer. Tisch mit drei Stühlen. Ein Telefon.

Der Vater sitzt am Tisch, liest die Zeitung und raucht nebenher eine Zigarre. Die Mutter erscheint durch die Küchentür und will das Besteck mit den Papierservietten auflegen. Doch der Vater belegt mit seinen beiden Unterarmen und der Zeitung einen Teil des Tisches.

Mutter: Dur endlich dai Zeitung weg, daß i s Bschdeck nahlega ka!

Er lehnt sich mürrisch zurück und wirft einen Seitenblick auf das Besteck.

Vater: Wa willschd denn mit denne Servietta do?

Mutter: Daß du dai Maul nahbutza kaschd!

Vater: Do ka i ao mai Hand drzua nemma.

Mutter: Also erschdens ischs heut Sonndag ond zwoidens ghörd sich des so.

Sie verläßt wieder das Zimmer. Er wendet sich seiner Zeitung zu, lehnt sich wieder über den Tisch und brummt vor sich hin.

Vater: Koi Wonder muaß i äll Woch zwoi Mülloimer nausschdella!

Die Mutter kommt wieder mit zwei Salattellern zurück und stellt sich einen Teller hin. Dann schiebt sie ihm die Arme mit der Zeitung zurück und stellt ihm seinen Teller vor die Nase. Er verzieht säuerlich sein

Gesicht, faltet die Zeitung zusammen und legt sie, ohne jedoch dabei aufzuhören mit Lesen, links neben den Teller.

Mutter: An guada Abbedid!

Vater: Jo.

Dann nimmt der Vater die Zigarre aus dem Mund und legt sie in den Aschenbecher. Er nimmt, immer noch lesend und ohne den Inhalt des Tellers zu beachten, die Gabel, nimmt eine Portion ab und schiebt sie sich achtlos in den Mund. Nachdem er zwei oder dreimal gekaut hat, werden seine Augen plötzlich größer und er blickt ruckartig zum Teller. Dann blickt er entsetzt seine Frau an, die inzwischen ungerührt weitergegessen hatte.

Vater: Was soll denn des sai?

Mutter: A Saladplatte.

Er verzieht das Gesicht, wie wenn er auf eine Zitrone gebissen hätte.

Vater: Ha des kaschd de Hasa gebba, aber ed mir!

Mutter: Ab heut gibts bloß no Diätküche, nochdem Dr. Eisaberg saine Rezept für eine vegetarifische Küche!

Vater: Ha i glaub i schbenn!

Mutter: Des ka doch sai!

Er schlägt sich mit beiden Händen auf die Oberschenkel.

Vater: Ha i glaub di schdicht dr Hafer!

Sie hört auf mit Essen, legt ihr Besteck zur Seite und will aufstehen.

Mutter: Ach jo richtig, i hann doch no a bißle Haferkleie draufschdreua wella.

Vater: Do bleibschd hocka! – Wenn du mir jetzt ao noh Schdroh ens Essa nai schdreuschd, pack i ällas en dui Zeitung ai ond schmeiß zom zuana Fenschder naus! – No ischd des Deng gschwätzt!

Mutter: Wiea du willschd.

Vater: I will jetzt wissa was los ischd!

Mutter: Du hoschd gsagd, daß i z dick sei.

Vater: Wann?

Mutter: Geschdern obend, mo i mir em Katalog hann a Kloid bschdella wella.

Vater: Ja ond, des schdemmt doch ao.

Mutter: Also ond deshalb essad mir jetzt vegetarifisch!

Vater: Wenn du z fett, ah i moin z dick bischd, worom muaß no i des Hasafudder fressa?

Mutter: Du bischd schlieaßlich ao ed dr Schmälschde.

Vater: I will jo ao koi neus Kloid.

Mutter: I muaß jo ao äwwl den Gschdank von daine Zigarra aufschmecka, obwohl mir des gar ed guad duad.

Vater: No muaschd hald wegschmecka! − Wenn dirs ed baßt!

Mutter: Bsonders wenn du mirs emmer ens Gsicht bloseschd. − Dir wärs am liebschda, wenn i gar nemme schnaufa däd.

Vater: Ha des kane ed vrlanga.

Sie holt sich ihr Taschentuch heraus, tupft sich die Tränen ab und sagt weinerlich.

Mutter: Glaubschd denn du, i könnd neba dir sitza ond Gurkarädla essa, wenn du an Schweinebroda mit Spätzla ond Soß ißschd?

Vater: No muaschd hald en dr Küche essa, no siehsch ed!

Mutter: Do schmeckts jo no ärger drnoch.

Vater: No machschd dir hald a Klämmerle and Nas na!

Er beginnt sehr stark zu husten.

Mutter: Siehsch!

Vater: Was hoißt do siehsch? − Wenn überhaubt, no hann i des högschdens ghörd.

Mutter: Du machschd no dai Gsondheit hee, mit dera Raucherei!

Er schiebt den Salatteller weit über den Tisch und hustet noch einmal kurz.

Vater: Des ischd bloß der Gschmack von denne saure Gurkarädla, mo mie em Hals kitzlad hend! − Ond außerdem werd i ao no en mainer oigana Schdub huaschda derfa!

Mutter: Du kritisierschd mie jo ao dauernd ond sagschd i sei z dick. − Bloß i derf niea ebbas saga!

Vater: Des ischd jo ao ebbas anders! − A neus Kloid koschdad Geld ond s huaschda nix. Ond wenn du weniger ißschd, no schbarad mir des Geld ond du kaschd daine alde Kloider wieder ahzieaga!

Mutter: Ja glaubsch denn du, dai Raucherei äll Dag koschdad koi Geld? − Do gohd a manche Mark naus.

Vater: Hald no amol! – Des ischd äwwl no mai Geld. Des verdien i selber ond mach mai Kreuz drwega hee, no werd i mir ao so a Päckle Zigarra am Dag leischda kenna. – Des merkschd dir!

Mutter: Ja glaubsch denn du, i dur nix?

Vater: Dädeschd du ed dr ganz Morga aufem Sofa liega ond Kaffeeles doa, no heddeschd du ao a andera Figur.

Mutter: Ha des ischd doch saumäßig. Du schdellschd mie grad na, als ob i de gröschd Faulenzere wär!

Vater: Des hoschd du gsagd!

Mutter: Ha woischd was, du kaschd mie gern hann. Wäsch doch du en Zuakunft daine Onderhosa ond daine Dreckkloider selber! – Ond s Zeugs flicka, butza, bacha, kocha, aufräuma, abschdauba, aikaufa ond richda ond doa. Duas doch amol selber mit dainer groß Gosch! No wirschd du seha, wieaviel Zeit du no hoschd, zom aufs Sofa naliega!

Vater: Des glaube, daß du voll gar nix meh zom doa hoschd. − Des däd dir so bassa. Für was hann i die no eigentlich gheiradad?

Mutter: Wenn du mie bloß wegam schaffa gheiradad hoschd, no ka i jo ganga. − No zieagi wieder zo mainer Mudder, do grieage wenigschdens gnuag zom essa!

Vater: Des ischd äwwl glei s Nägschde bei dir!

Mutter: Ha s ischd doch aber ao wohr!

Sie schlägt die Hände vors Gesicht und weint. − Da öffnet sich die Wohnzimmertür und der Sohn kommt ins Zimmer, mit einem weißen T-Shirt, auf dem ein Männchen mit den Daumen nach oben zu sehen ist, und der Aufschrift »Trimm dich«. Er ist mit einer Jogginghose bekleidet und hüpft mit dem Hüpfseil durch das Zimmer.

Sohn: Mahlzeit mitnander!

Dann hört er auf mit hüpfen, legt das Seil weg und macht einige Boxkampfgrundschritte. Dabei stößt er mit den Fäusten in die Luft, wie beim Schattenboxen. Plötzlich hört er abrupt auf und dreht sich zu seinen Eltern um.

Sohn: I hann Mahlzeit gsagt!

Vater und Mutter schweigen und jeder schaut in eine andere Richtung. Der Sohn greift sich erkennend an die Stirn.

Sohn: Ach du lieabe Zeit. Ischd wieder Feuer onderm Dach?

Er geht zu seiner Mutter, beugt sich zu ihr, gibt ihr einen Kuß auf die Wange und tätschelt ihren Oberarm.

Sohn: Hoschd de wieder amol aufrega miassa, Mama?

Und zum Vater gewandt fragt er.

Sohn: Was war denn wieder?

Vater: Ha do, se will wieder zo ihrer Muadder zieaga, weil se maine Zigarra nemme schmecka ka!

Da läßt sie den Jungen ruckartig los.

Mutter: Des ischd gar ed wohr. Der hod zo mir gsagt i sei z dick, bloß weil i gfrogt hann, ob i mir ed a neus Kloid kaufa derf. – Gell Büable, du woischd, daß i ed aufhausig ben mitem ahzieaga. – I hann grad velleicht zwoi oder drei Kloider mo i ahzieaga ka.

Sohn: Ja des ischd wohr Mama. – De andere send dir älle z eng.

Mutter: Ond außerdem hod der gsagd, i lieg dr ganz Dag aufem Sofa ond däd Kaffee drenka!

Der Sohn schaut den Vater fragend an.

Vater: Des ischd mir hald so rausgfahra, weil se wieder an maine Zigarra nahgschwätzt hod.

Mutter: Wenn i mir oimol em Johr a Kloid kaufa will, no gibts Theater!

Vater: I brauch s ganz Johr nix!

Mutter: Aber bloß, weil i dir emmer daine Hosa weiter mach. Aber bei maine Kloider ka ma des hald ed so.

Vater: Deshalb hann i jo ao gsagd, du solleschd abnemma!

Mutter: Des hann i jo ao doa wella. Koi Wort hedd i gsagd. – Glei hann i mit dera vegetarifischa Koschd ahfanga wella.

Sohn: Vegetarisch!

Vater: Des ischd mir egal wiea des hoißt. – Guck dir doch amol den Froß ah, mo se mir do nahgschdellt hod!

Er schiebt dem Sohn den Teller zu. Dieser nimmt sich mit den Fingerspitzen etwas davon und verzehrt es. Dann verdreht er entzückt die Augen und leckt sich genießerisch die Finger ab.

Sohn: Mann des ischd jo schpitze. Saure Gurkarädla ond so herrlich gwürzt!

Der Vater dreht sich demonstrativ zur Seite.

Vater: Jetzt schbennt der ao no!

Sohn: Also vom ernährungspsychologischa Schdandpunkt aus ischd des natürlich fantastisch! Des hod nemlich sehr wenig Kaloriea oder Dschul.

Vater: Ha?

Sohn: Dschul, des sechd mer jetzt anschdadd Kaloriea.

Vater: So.

Sohn: Jo.

Vater: Aha.

Sohn: Aber Mama, i däds zom jetziga Zeitpunkt ed empfehla, daß du a Radikalkur machschd. Dur lieaber langsam abnemma, weil du jetzt dai ganza Kraft für da Vadder brauchschd.

Mutter: Worom denn des?

Sohn: Wenn mir jetzt gao omzieaga miassad, no

muasch du doch ällas vorher narichda, aipacka ond butza.

Beide Eltern blicken den Sohn erstaunt an.

Vater: Worom sollad mir denn omzieaga?

Mutter: Jo, worom eigentlich?

Sohn: Kommad no, mir wellad ons doch nix vormacha. Wenns mitem Vadder saine Füaß so weidergohd, no brauchad mir a ebaerdiga ond rollschduahlgerechda Wohnung!

Während diesen Worten greift sich der Vater unbewußt an sein rechtes Bein und beginnt es zu massieren.

Mutter: Aber Bua, schwätz doch koi so a Sach raus!

Sohn: Doch! I hann nemlich geschdern mit ma Schdudienkollega gschwätzt, der schdudiert Medizin, ond der hod gsagd, des seiad typische Symtome von Raucherfüaß! Ond erschd drletschde häb mer saim Onkel boide Füaß abnemma miassa!

Der Vater blickt erschrocken in eine andere Richtung und greift unbewußt zur Zigarre. Als er sie in den Mund nehmen will, stutzt er, schluckt und drückt sie dann angewidert im Aschenbecher aus.

Mutter: Jetzt ben i aber arg vrschrocka. Ja ka ma denn do gar nix drgega doa?

Sohn: Freilich! – Er müßt hald aufhöra mit em Raucha. Er brauchd viel Bewegung, daß diea Füaß durchbluadad werdad. Ond ed d Woch durch aufem Sofa, ond Samschdag-Sonndag en da Garda liega!

Mutter: Ja ond no moinschd, daß des wieder besser wird, beim Vadder?

Sohn: Ganz beschdimmt. Des hod der Medizinschdudent ao gsagt!

Der Vater dreht sich langsam wieder um und blickt die beiden an, wie ein Bernhardienerhund.

Mutter: Oh des wär jo herrlich, gell Vadderle, des dend mir?

Er nickt deprimiert und legt seine Hand auf ihren Arm.

Sohn: Aber Mama, ao dir muaß i saga, du bischd genau so gefährdad, daß du ed Zucker oder an Herzinfarkt grieagschd. – Dr Vadder ond i, mir brauchad die nemlich no so nötig!

Sie nimmt die beiden Hände des Jungen und drückt sie fest.

Mutter: I dank dir schee Büable, daß du des gsagd hoschd. Woischd, do schaffd ma nemlich wieder viel gerner, wenn ma woißd für was.

Der Vater räuspert sich mehrmals.

Vater: Du Bua, was moinschd denn, was mir jetzt doa sollad?

Sohn: Des ischd aigentlich ganz oifach. Ihr müassad hald gsünder leaba. Ond dodrzua ghört a gsonda Ernährung ond Bewegung.

Mutter: Jawoll, – mir lebad jetzt vegetarifisch!

Sohn: Des brauchds gar ed. Ihr derfad ruhig so a Mischkoscht essa, hald ed so viel. Ond dui Nebaheresserei em obends am Fernseher ond so, dui miassad ihr ganz aufschdecka.

Vater: Ond wiea machad mir des mit dera Bewegung?

Sohn: Wenn ihr mir verschbrechad, daß ihr dend, was i sag, no dur i euch a bißle drainiera. Schlieaßlich hann i jo ed omsonschd Schbort schdudiert.

Mutter: Mir dend älles, was du sagschd, gell Vadderle?

Vater: Solang i koin Handschdand macha muaß, dur i ällas.

Sohn: Also, s Audofahra ischd ab sofort gschdricha. Ens Gschäft wird glaufa. Ond heut nemmad ihr euere Fahrräder ond machad a Radtour. Nemmad an Picknickkorb mit ond dend an ma Waldrand irgendwo mitnander essa. – Des ischd zudem no umweltbewußt ond schbart s Geld fürs Benzin.

Mutter: Au ja Vadderle, des demmer. I gang schnell end Küche ond richd ons a Veschber na.

Die Mutter verläßt das Zimmer.

Vater: Jawoll, ond i bomb solang d Fahrräder auf.

Er geht auf den Sohn zu und drückt ihm die Hand.

Vater: Bua, i dank dir für ällas, was du für ons doa hoschd.

Der Vater geht aus dem Zimmer und schließt die Tür. Der Sohn grinst ausgiebig hinterher und setzt sich ans Telefon. Er wählt auswendig eine Rufnummer.

Sohn: Ja, hallo Gaby, do ischd dr Bernd. – Du, was sagschd, mir hend jetzt a Auto für ons ganz alloi!
(Kurze Pause)
Maim Vadder sais!
(Kurze Pause)
Noe gar ed, er hod sich no drfür bedankt!
(Kurze Pause)
Gell do bischd ferdich! – I hann maine Gruftis bloß a bißale motiviert, woischd ihr Ernährungsbewußtsein gschdärkt, a bißale auf Trimm-Dich, Energie ond Umwelt gmacht. Ond scho gangad se jetzt auf a längera Radtour.
(Kurze Pause)
I hann jo schlieaßlich ed omsonschd a baar Vorlesunga über Psychologie ahghört!
(Kurze Pause)
Du Schatz, was i saga will, heddeschd du ed a bißle Luschd, nochher zom herkomma?
(Kurze Pause)

Ja, wenn du scho Schbätzla gmacht hoschd, om so besser, breng se glei mit, no hol i an ferdiga Schweinehals aus dr Gfriertruhe, do ischd d Soß glei drbei! – Ond zom Nochdisch essad mir Erdbeer ond Schlagsahne.
(Kurze Pause)
Woischd ond nochher liegad mir en da Garda nonder ond machads ons gmüadlich.
(Kurze Pause)
Ha ens Kino kennad mir jo em obends no, wenn se wieder do send. – Mir hend jo no s Audo. – Des wär doch was. – Also O.K., bis nochher Gaby. – Ach so, halt amol, des hedd i jetzt faschd vrgessa, – breng mir ao von onderwegs no a Schdang Zigaretta mit!

Sonnaschdich

Manche Leud glaubad
doch tatsächlich,
daß dui Sonn aus-
schlieaßlich wega
ihne aufgohd.

Drbei mergad se aber
edda, daß siea selber
bloß an Schatta hend!

Dr Äpfelbaum

Dr Äpfelbaum bei ons en Schwaba
ischd oina von de bsondre Gaba.

Vom Paradies ischd er bekannt,
denn wega dem send mir vrbannt!

Diea Äpfel dend mir ed bloß essa,
mir dends vrmahla ond no pressa.

Diea Kender trenkad gern den Saft,
doch gibt er ao de Ältre Kraft,

wenn er vrgora liegt em Fäßle,
no machad mir ao gern a Späßle.

So holt dr Äpfelbaum ons zrück,
vom Paradies a bißle Glück!

Schmoißflieaga

Wenns oimaz brennt,
an Ohfall oder sonschd
a Ohglück bassiert ischd,
ond i diea viele Leud
nahsaua ond dromrom
schdanda sieh,

no muaß i emmer an
Schmoißflieaga denka,

weil diea ao äwwl glei
drher gfloga kommad
ond do nah hockad,
mos grad am
ärgschda
schdenkt!

Des kaschd ao oifacher hann

Do lassad se om viel Geld
von Graphologa Handschrifta deuta,
studierad Charakterkunde ond Menschakenntnis;
se machad psychologische Teschts
ond teuere Vrhaltensstudiea.

Ach du lieabe Zeit!

Narr, wenn de ebber wirklich kennalerna widd,
muaschd vor Händel mit dem ahfanga,
no woischd mo de dra bischd!

S frische Hemmad

Dialog von Zimmer zu Zimmer:

Sui: Soll dr a frisch Hemmad bügla?

Er: Noe – i zieag des von geschdern nommol ah!

Sui: Ja gohdenn des noh?

Er: Guad – richd mer ao a Veschber nah, zom mitnemma!

Sui: Wiea sieht denn dr Kraga aus?

Er: Guad – richd mer ao a Veschber nah!

Sui: Ond wiea sehnad Manschedda vorna aus?

Er: Guad – denk an mai Veschber!

Sui: Soll dr ed doch a frisch Hemmad bügla?

Er: Noe – a Veschber wär mer lieaber!

Sui: Also mir ischs gar ed wohl drbei, i glaub, i richd doch no a frischs Hemmad nah!

Er: I hann doch gsagd, daße kois will!

Sui: Schrei me ed so ah!

Er: I schrei ed!

Sui: Nadierlich hosch gschriea, daß de ganz Nochberschaft ghörd hod!

Er: Was duaschden eigentlich de ganz Zeit dohenna?

Sui: I bügl dr a frisch Hemmad!

Er: Ja zom Schender nai, i hann doch gsagd, i well kois! – Heddeschd du mir lieaber a Veschber nahgrichdad!

Sui: Du kaschd oin ao bloß dr ganz Dag omanander kommandiera! I kah me ao ed vrreißa!

Er: Du sollschde jo ao ed vrreißa, du sollschd mai Veschber nahrichda ond sondsch nix!

Sui: Ja, jetzt hanne hald vor dai frisch Hemmad bügla miassa!

Er: Oh schdeig mer ao end Dasch mit daim frischa Hemmad. Heddeschd mer a Veschber nahgrichdad, des wär gscheider gwäa. – Jetzt derfe heud d Gosch ans Schreibdischeck nahschlaga!

Sui: Komm, jetzt zieagschd gschwend des frische Hemmad ah, noh richde solang dai Veschber!

Er: I hann koi Zeit meh! – En vier Menuta fehrt mai Bus, ond wemmer der nausgohd, bischd du schuld!

Sui: Guck – des ischd jetzt dr Deifls Dank! Du heddeschd doch aber ao glei saga kenna, daß de koe frisch Hemmad widd, no hedd i solang dai Veschber nahrichda kenna!

Oh Herr Pfarrer

Zwoi jonge Kerle standad domm
em sonndags vor dr Kircha rom.
Se miassad nai heit zo dr Beicht
ond wissad scho, des wird ed leicht!

Doch endlich rafft sich oiner auf
ond gohd end Kirch diea Staffla nauf.
No em Beichtstuhal sagder schließlich,
dr Herr Pfarrer guckd vrdrießlich:

»I hanns mit ma Mädle ghed,
doch wers war, des sag i ed!«
»Mach dirs leichter, sag wers war!«
Dr Herr Pfarrer sechts ganz klar.

»I nemm dir sonschd dai Beicht ed ab!«
Er frogt drzua, ond denkt, des klapp:
»Wars Dorle gau, vom Burgweg ois?«
»Ach noe, a Dorle kenn i kois!«

»Warsd Bärbel no, vom Löwawirt?«
»Ao do hend Se sich wieder girrt!«
»Dann duads mir loid, mai lieaber Bua,
no mach i jetzt main Beichtstuhal zua!

Wenn du so stur bischd, muaschd du eba,
fortan mit daine Sünda leba!«
Der Bua kommt naus, sai Kumbl frogt:
»Hod er die arg beim Beichta blogt?«

Do lachad der, ond freut sich richtig,
ond er vrzehlt saim Fraind ganz wichtig:
»De andre Pfarrer kaschd vrgessa!
— I hann glei zwoi neue Adressa!«

Überleg dirs guad

Der mo als erschder
sai Maul aufmacht
muaß ed ohbedengt
emmer dr Hellschde
sai.

Bloß,
wer als letschder
schwätzt, sodd,
wenn er ed grad
bleed ischd,
wenigschdens
ebbas Gscheits
saga.

Zeit gnuag zom
überlega hod
er jo no
ghed!

Domm oder gscheit

Seitdem i fescht-
gschdellt hann,
daßes bei de
Gscheite
viel meh gibt,
mo aigebildat send,
als bei de Domme,

kommt mir der
leisc Verdacht,
daß diea Domme
vielleicht gared
so domm send
als diea
Gscheite!

Emmer mit dr Ruha

Dr Josef schdohd drei Meter dieaf
en so ma schmala Graba.
Er legt a Rohr, s liegt ebbas schieaf,
do duad er schier vrzaga.

Er wenkt ond fuchtelt wiea ed gscheit:
»Lends Rohr no ebbas ronder!«
Dr Paule: »Ha?«, von oba schreit,
ond guckt en Graba nonder.

Do dreht dr Bagger schnell sich om,
sein Fahrer baßd ed auf,
ond schubst da Paul em volla Schwong
auf onsern Josef nauf.

Doch grad do, en dem Augablick,
beugt sich dr Josef vor.
Dr Paule fälltem jetzt ens Gnick
ond haut dem s Gsicht aufs Rohr.

Ond dui Moral von dera Gschicht:
Duaschd schreia du ond wenka,
no wägsd a manchs Mol dir em Gsicht
ganz schnell an dicker Zenka!

Schmerz laß noch, dr Dokter kommt
Nach einer wahren Begebenheit

Drletschde ischd mai Weib ama Freidichobend vom Gschäft hoimkomma ond hod brellad.
Hano, hanne denkt, velleicht hods Hendl geh oder s ischd ebbas mitem Auto bassiert, weil so für Bassledah heilad mai Weib edda.
Ond mo i se no gfrogad hann, was eigendlich bodda ischd, hebd se mir ihr rechda Hand nah. – I hann denkt, se well »Grüß Gott« saga. Jetzt ischd des gwää, wiea wemma so an Zombi ahlangad. Velleicht hend Se so Film schomol gseha? »Die Nacht der reitenden Leichen« oder »Die lebenden Toten« hend se ghoißa. Also, grad so wars bei maim Weib ao. Eiskalt ond donkl ischd ihr Hand gwää, ond dr Arm ischd an ra nonderghangad, wiea wenner ed drzua ghöra däd.
No hanne sofort da Hausarzt ahgruafa. Der ischd scheints grad beim Nachtessa ghockt. Mer hods ghört, weiler beim Schwätza ääwl so aufgschdoßa hod. Ond der hod no gsagd, des sei ed schlemm, i soll en dr Abothek a Salb hola ond se dodrmit aischmiera.
Er hod nommol ebbas gschwätzt, aber i hannen ed vrschdanda, weiler grad mitem Fengernagl en saim

Gebiß omanander gschdochert ond bohrt hod.
No hannen hald nommol gfrogad. Ja, hod er gsagd, wenns ed besser sei, solle mir hald am Mondagmorga en sai Praxis komma.

I hann me no feschd bedankt ond ben end Abothek gfahra. Mai Abotheker, des ischd a Kerle, der woißt äwwl ebbas. Nadierlich hannem miassa grotzabroit vrzehla was los war. Ond noh hod er also schier an Ohmachtsahfall grieagd, ond hod gjammert ond gschdöhnt, mir solle jo glei zom Bereitschaftsarzt ganga ond des ed hanga lao, also den Arm ond dui Krangad. Des kenn sich nemlich übers Wochaende derart vrschlemmera, daß ma da ganza Arm abnemma müßt.

No bene wiea dr Deifl hoimgfahra, hann mai Weib gholad, ond ben mitra ohaigschmiert zom Bereitschaftsarzt gfahra.

Jetzt der hod sofort gwißt, om was sichs dreht, weiler bei ällem gnickt hod, was mai Weib vrzehlt hod. Er hod dapfert von dr Schulter a Röntgaaufnahm gmacht ond hodra a Schbritz en ihren Allerwerdaschda naigjagt.

Es sei also an Rheumaschub gwesa, hod der ons informiert, ond bis am Mondag kenn se wieder schaffa. Er hod mir a Rezept end Hand nai druckt ond nochem Krangaschai gfrogad. No hod er maim Weib no auf ihr kranga Schulder klopfd ond

hod gsagd, se soll sich koine Gedanka macha, auf dui Schbritz nah werdras glei wieder besser ganga.
No hanne main Abotheker wieder rausgschellad ond des Rezept aiglöst. Der hod nadierlich wieder da Kopf gschüttld über diea schwere Schmerztabletta ond hod behaubdad, daß des auf dr Sonnawelt koe Rheuma sei, aber auf ehn hör jo niemand.
Da ganza Samschdag über hanne medizinische Fachbüacher glesa über Rheuma, daß i onser Vrwandtschaft hann über da gesamta Vrlauf von dera Krankheit onderrichta kenna.
Entgega de Aussaga vom Bereitschaftsarzt send diea Schmerza emmer schlemmer worda. Am Sonndag hanne no a Frau von dr Rheumaliga ahgruafa, i häb ebber für se ond se soll mir a Aufnahmeformular zuaschicka.
Am Montagmorga hod no mai Hausarzt gsagd, des mit dem Rheuma sei jo Quatsch. Des sei an aiklemmder Nerv ond sonschd nix. Ond no hodera vorsichtshalber no a Schbritz en da Arm geba.
Er hod ons no andere Mittel vrschrieba, ond i hann grad Arbad ghed, daße onsern Abotheker von dem neua Krankheitsbild überzeugt hann. Aber schlieaßlich hod er mir des Mittel no doch gebba.
Am Obend hanne mai Schwiegermudder ond de ganz Vrwandtschaft von dera neua Entwicklung onderrichdad.

Mos noch a baar Dag äwwl noed besser worda ischd, hod ons dr Hausarzt zo ma Orthopäda gschickt. Der hod no sofort a Schulter-Arm-Syndrom diagnostiziert.
I hann mir des Wort hehlinga auf an Zettl gschrieba, daße des bei maim obendlicha Verwandtschaftstelefonrundschbruch ao no richdig gwißt hann.
Also erschdens hört sich Schulter-Arm-Syndrom sauguad ah, ond zwoidens hod mer sich so richdig schee, nix dronder vorschdella kenna. Der Orthopäd hod ra no a Schbritz en da Henderkopf naigjagt. I hann zwor weggguckt, muaß aber doch zuageba, daß der sich wenigschdens ebbas neus hod aifalla lassa. No hod er a Röntgaaufnahm gmacht, ond zwor ens offane Maul nai, was ohne weiteres ganga ischd, weil mai Weib jo maischdens s Maul offa hod. Jetzt hod ma aufem Röntgabild feschdgschdelld, daß oin Halswirbel rechts weiter ausanander war, wiea auf dr lenka Seit. Ond zwor hod er ons erklärt, des sei grad der Wirbel, mo ma sich s Gnick bricht.
— Ond no hod er mie ahguckt.
I wars aber ed, ehrlich, so lang semmer jo no gared vrheiraded.
Ond no hod er ons ens Krangahaus gschickt. Diea hend ra zwor ausnahmsweise koe Schbritz gebba, aber ao wieder ens Maul nai gröntgd. Do ischd der Wirbl scheints nemme so weit ausanander gwäa,

weil ons diea wieder zom Orthopäda-Dol gschickt hend.

Also an dem könns no ed liega, hod dr Orthopäda-Dokter gsagd ond hod ons zo ma Neurologa überwiesa.

Des war subber. Der ischd nemlich Dokter der Neurologie ond an Psychiader gwäa. – Ond i hann doch scho lang amol an richdiga Psychiader seha wella.

Der hod mie no ao glei drnoch ahguckad. Aber i hann schnell auf mai Weib zeigt, ed daß me der no auf sai Kautsch nauf zoga hedd. Aber nochher wärem schier an da Kraga ganga. Hod der doch maim Weib vier Nodla en da Kopf naigschdeckt, ond se so mit Drähtla an Ärm ond Fiaß ahgschlossa, daß se ausgseha hod, wiea diea arme Äffla en denne Tierversuche.

Ond no hod er ällamol wieder Schdromschdöß durch mai Weib fahra lassa, daß se richdig mit Ärm ond Fiaß gschleglad hod.

Doch bevorem hann oina naihaua kenna, hend me saine drei Schbrechschdondahilfana ens Wartezemmer naigschloifd, ond hend mer no erklärt, daß mer mit dene Schdromschdöß diea Nervaleitbahna testa kenn, ob oina drvo onderbrocha sei.

Ond mo se wieder ganga gwäa send, hod me so a alds Müdderle gfrogad, was mai arms Fraule denn schlemms häb. No hann ras hald vrzehld wiea ällas ganga ischd. Oh je, hod se gsagd, des hedd ihr Schwiegerdochter ao amol ghed, ond no häb se ra Quarkomschläg gmacht ond des häb gholfa.

I hann no nix meh mit ra gschwätzt, weile amol glesa hann, daß mer psychisch Krange ed widerschbrecha soll.

Dr Neurologa-Dokter hod no gsagd, daß es sich hierbei om eine Nervenwurzelreizung handle, ond mir solle en 10 Dag wieder komma, weilma erschd do feschdschdella kenn, ob der Nerv ganz vrschdorba ischd. – Ond no hod er ons wieder zom Orthopäda-Dokter gschickt.

Von dem hod se no en dr Vrzweiflung hald wieder äll Dag a Schbritz grieagd. – Schee vrdoild en Kopf, Schulter, Arm ond weiter onda.

Also wenn mir en a Rauschgiftfahndung naikomma wärad, hedd jeder gmoind, daß er a Fixere vor sich hod, so war se vrschdocha. Noch dr zwölfda Schbritz hod er gsagd, daß er jetzt amol ebbas anders ausbrobiera well. Er hod mai Weib seitlich auf so an Schraga nahglegt ond hod gsagd, se soll ganz locker ond entschbannt liega. No hod er äwwl ganz leicht mit ihre Ärm ond Fiaß gautschad, ond auf oimol isch der mit oim Satz auf mai Frau naufgjuckt, ond hod ra gleichzeidig Ärm ond Fiaß zemmadruckt. Doch bevoren i hann ronderschlaga kenna, isch der scho wieder aufem Boda gschdanda ond hod se gfrogd, obs jetzt besser sei.

Nadierlich wars ed besser! — Im Gegadoil, se ischd no recht vrschrocka gwäa. — No hod er se hald zor Schdrof wieder en da Kopf gschbritzt, ond hod gsagd, mir solle am nägschda Mondag wieder komma.

Ond jetzt kommt dui dramatischa Wende.

Auf dr Hoimfahrt hanne Honger grieagd, ond hann gschwend an soma Subbermarkt ghalda, zom aikaufa. Mai Weib ischd sitza blieba ond hod gwardad. Ond wieane grad so vorem Kühalregal gschdanda ben ond guckd hann, ob se frischa Schlagsahne do hend, fellt mai Blick auf da Quark.

No ischd mir des Weible aigfalla, mo beim Psychiader ghockt ischd. Ha, hanne denkt, brobiera kennd mers jo amol. S wär ed viel hee, ond i moin, dui Rezeptgebühr lauft jo ao mit dr Zeit ens Geld.

I hann no a baar Päckla Vollfettquark gnomma, weil i da Magerquark ed so mag ond i denkt hann, wenns nix ischd, daßen wenigschdens i essa kah! — No wär auf älle Fäll mir gholfa.

Ond no hemmer s ganze Wochaende über Quarkwickl gmacht. — Ond was solle saga, am Mondagmorga ischd der Arm wieder guad gwäa!

Noh hanne da Orthopäda-Dokter ahgruafa ond gsagd, daß mir nemme kommad, weils wieder guad sei.

Der hod sich no ao gfraid ond hod gsagd: »Ja, wenns ons Dokter ed gäb!«
No hann i zonnem gsagd: »Noh gäbs ao koine Wartezemmer ond des wär wirklich nix!«
Aber i glaub, – der hod me ed vrschdanda!

Gsichtsverluschd

Wenn ma de
Menscha ens
Gsicht guckt,
sieht ma fascht
emmer, ob se
en ihrem
Leba
meh
glacht oder gheult;
meh
möga oder ghaßt;
meh
glaubt oder gfrevelt
hend!

Doch emmer wieder
gibts so a baar
vrdruckde Siacha,
mo oin mit ihre
Engelsgsichter
railega wellad!

Schwäbisches Schi-Gebet vor der Abfahrt

Den Buckel fahr i jetzt do ronder
ond hoffentlich komme guad nonder.

Wenn i maine Schi jetzt gib Zonder
ond em Schnee do na fahr wieas Donder.

Oh gib, daß i no gsond ond monder
überschdand ao den ganza Plonder.

Daß hoil ällas blcibt, samt ond sonder.
Wenns sai muaß, vollbreng hald a Wonder!

Ama.

Dr Schdaubsaugermord

Ein schwäbischer Kurzkrimi:

Mai Entschluß, daß i se ombreng, ischd eigentlich scho recht kurz nochdem se em Haus war feschdgschdanda.
Was hod me des Lombadier ärgera derfa! Bsonders en de letschde Däg hod se me schier zor Weißgluad brochd. Nadierlich hannes ao scho a baar Mol brobiert ghed, aber se hods emmer wieder vorher gmerkt.
Nächtelang bene wach glega ond hann mer überlegt, wieane dui Schendmärr aus dr Welt schaffa kennt. Vor ällam wars Broblem wieanes mach! Sodd möglichschd koin Bluatschbritzer auf onser neua, weißa Rauhfaserdabeet nahkomma.
Bis mir auf oimol dui Idee komma ischd, daß i se jo ao mitem Schdaubsauger ombrenga kennd. – Dodrmit kennts klappa. – Se derf hald onder koine Omschdänd an Vrdacht schöpfa.
Mensch ben i aufgregt gwäa.
I hann no so doa, wiea wenne em Schlofzemmer schdaubsauga wedd. Henderm Kloiderkaschda hanne hehlinga s Mundschdück vorna weggschraubad. Mit eisigem Blick bene no ganz langsam auf se zua glaufa. – Aber se hod emmer no nix gmerkt.

Ond no, mone nochgnuag beira gwäa ben, hanne des Schdaubsaugerrohr feschd end Hend gnomma ond blitzschnell noch vorna gschdoßa.
Ond no hanne se naigsaugad, dui Sau-Schnook!

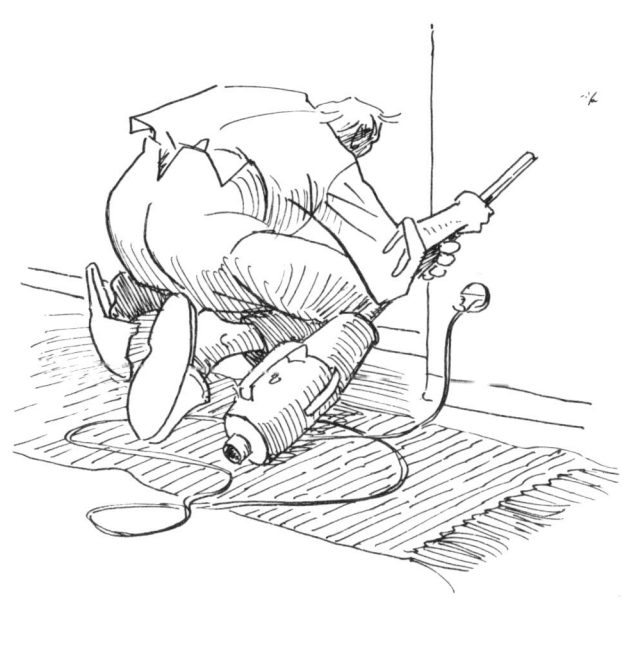

Oh noe

Wer als letschder lacht,
muaß ed ohbedengt emmer
dr Beschde sai.

Vielleicht ischd der ao
ganz oifach schwer von
Begriff!

Pralinabäumla

Dr Präsident vom Aufsichtsrat
war emmer scho an Mann der Tat.
Em obends, wenn sai Gschäft er gschlossa,
marschiert er fit ond ohvrdrossa,
end Scheffetasche von dr Bank,
mo freundlich er ond ohne Zank,
klar über jeden Fall jetzt richtat.
Diea viele Akta hoch send gschichtat.
Er isch deshalb für viele Stonda,
an Präsidendastuhal gebonda.
Er sehnt sich noch ma Rebasaft,
der gibt ihm emmer so viel Kraft.
Ond öfters dend Gedanka schweifa,
zo de Fässer mit de Reifa.
Ach endlich ischd dui Sitzung rom,
se gangad no ens Cafe nom,
ond de ganze Aufsichtsrät
wissad, heut wirds wieder spät!
Ach des dauert nomol Stonda,
emmer wieder zahlt er Ronda.
Ond mancher Aufsichtsrat scho wankt,
em Präsident er herzlich dankt.
Doch plötzlich der vor Schreck erstarrt.

Er glaubt, daß ehn der Zeiger narrt.
Der Zeiger rast jo richtig los.
Was hod dui domma Uhr heut bloß?
An sai Frau muaß er jetzt denka.
Ebbas süaß will er ihr schenka,
denn dui ischd sicher wieder bös,
ond macht no emmer viel Getös.
Pralina er sich jetzt erschdohd,
weil domit meischt dr Zorn vrgohd.
Dr Präsident jetzt do nah wankt,
dort mo sai Gattin om ehn bangt.
Vor sai Haustür ischder komma
ond begehrt no scho benomma,
da Eilaß en sai oiges Haus,
doch s Schlüsselloch weicht emmer aus!
Lang no stochert er ond taschdad,
bis des endlich richtig raschdad.
Draußa war des Sterngefonkel,
drenna aber war es donkel.
Om sai Liebschda ed zom wecka,
taschdad er sich om diea Ecka.
Doch holter-polter, klirrts ond kracht,
jetzt ischse doch vom Schlof aufgwacht.
»Wilhelm bisch dus?«, frogts ausem Bett
ond er, als obs da Hals ehm rett,
hebt diea Pralina nai ens Zemmer,
dui Packung glänzt em Mondlichtschemmer.

Doch desmol scheint des ed zom klappa,
sai Frau dui angelt noch de Schlappa.
Vor Zorn se schier ed schwätza ka.
Er hebt d Pralina vor sich na.
Doch sui entreißt ehm sai Präsent
ond narrad se zom Fenschder rennt.

Se schmeißt dui Packung naus end Nacht,
en Garta na, mo d Schachtel kracht.
Ond übers Johr, s ischd ed zom fassa,
des miassd Se sich vrzehla lassa,
em Garta war, a jeder träum:
an kleiner Wald Pralinabäum!

An guader Rot

A älters Ehepaar em Zoo,
se schdandad vorem Affahaus,
dend boide lacha ond send froh,
daß d Menschaaffa guckad raus.

An Wärter hod grad s Käfig butzt,
er läßt dui Dür gschwend offa,
ond der Gorilla guckt vrdutzt,
er ischd no niea vrdloffa!

»Gang weider von dem Käfig weg!«
Z spät hod er den Schroi erwoga,
denn der Gorilla hod, oh Schreck,
grad sai Frau ens Käfig zoga.

»Ach der Gorilla ischd a Graus!
Was soll i doa?«, so heult sui rom,
er zieagt ra scho diea Kloider aus.
Do schreit ihr Ma ens Käfig nom:

»Der gohd dir sicher auf da Loim!
Wenn de willschd, daß du die reddeschd,
no muaschs hald macha wiea drhoim:
sag ihm, daß du Kopfweh heddeschd!«

Wegslhaft

D Laune von
de Mitmenscha
ischd ällamol
wieas Wedder:

Ohberechenbar
ond meischdens
ed so, wiea
des hann
soddeschd.

Aber, vielleicht däd
ma sich über d
 Sonn ao nemme
so fraia, wenns
da Rega ed gäb?

Dr Hausma

Ein schwäbischer Sketsch für 4 Personen:

Personen: Mann, Frau, Sohn und Nachbarin.
Bühnenbild: Wohnküche. Tisch mit drei Stühlen. Ein Telefon.

Er steht unrasiert, mit wirrem Haar, einen unordentlich umgelegten Bademantel über dem Schlafanzug in der Küche und gießt aus einem Stieltopf heißes Wasser in einen Kaffeefilter. Dabei gerät etwas heißes Wasser daneben und tropft ihm auf die vorne offenen Badeschuhe, in denen er mit den nackten Füßen steht. − Er hüpft im Kreis herum und reibt seine Zehen.

Er: *(Schmerzensschreie!)* Oh, heida Schduagert, zotzgad des!

Sie tritt gut gekleidet und frisiert ein.

Sie: Was hoschden aber ao für a Gschroi?

Er steht da wie ein Storch, hält in der einen Hand seinen Fuß und deutet mit der anderen auf seine Zehen.

Er: I hann mir mitem Kaffeewasser maine Zaia vrbrennt!

Sie setzt sich ungerührt an den Tisch.

Sie: Des kommd drvo, wenn de äwwl so halbnackad romsaueschd!

Er leert das restliche Wasser in den Filter.

Er: Schlieaßlich hann i euch jo s Frühschdück nahrichda miassa!

Sie nimmt die Zeitung in die Hand und faltet sie auf.

Sie: Derschd no bälder aufschdanda!

Er bringt Milch und Zucker und stellt es auf den Tisch.

Er: I wär jo ao scho lang grichdad, wenn dai Herr Sohn ed emmer a Dreiviertelschdond em Bad wär! – Ond außerdem ka i mie jo no schbäter richda.

Er nimmt zwei Brotscheiben aus dem Toaster, wirft sie ihr rasch auf den Teller und wedelt mit den Fingern.

Er: Heida Wedder, heud vrbrenn i mir aber ao ällas!

Sie: Ha s wird doch des ed sai.

Er: *(Er ruft nach draußen gewandt.)* Thomas! – Mach nora, sonschd kommschd no z schbät end Schual!

Der Sohn erscheint mit freiem Oberkörper und mit einer Jeans bekleidet, ein Handtuch um die Schultern.

Sohn: Reg de ed auf Erwin! – Heud hemmer en dr erschda Schdond sowieso bloß Madde!

Er stemmt wütend die Fäuste in die Hüften.

Er: *(Schreit laut)* I reg me ed auf!!! *(Dann etwas leiser)* I reg mie doch gar ed auf. – Worom soll i mie denn aufrega. – S ischd jo doch jeden Morga s gleiche Theater!

Sie: *(Gereizt)* Ischd der Kaffee jetzt no endlich fertich?

Er: No nix narrads.

Sie: Wenn i dui Aischdellung hedd, no wär i em Gschäft längschd scho gfloga!

Er nimmt den Filter von der Kanne.

Er: Soll des hoißa, daß i nix dur?

Sie streicht sich ein Toastbrot und legt Wurstscheiben aufs Brot.

Sie: Du hosch koi Ahnung, wieas bei ons em Gschäft zuagohd!

Er: Ja glaubschd denn Du i dur nix drhoim? – Erschd geschdern hann i em Wohnzemmer de ganze Vorheng gwäscha ond wieder aufghängt!

Sie gibt keine Antwort. Beißt in das Brot, kaut dreimal und riecht dann an der Wurst.

Sie: Dui ischd hee! – Wiea lang fährd denn dui scho em Kühalschrank rom?

Er: Seit am letschda Samschdag, wenn des genao wissa willschd!

Sie: Do nemmt mie des ed Wonder. – Wenn du ed so faul wäreschd, könndeschd du jeden Dag beim Metzger frisch Sach hola.

Sie liest weiter und er gießt ihr Kaffee ein.

Er: Des fehlt mir grad no. – I hann gnuag Arbad!

Sie: Hosch sonschd nix do?

Er: An Käs.

Sie: Du bischd ed ganz reachd! – I ka doch em morgnads koin Käs essa. – Was moinschd ao, wiea i do vom Maul schmeck.

Er holt ein Marmeladeglas aus dem Küchenschrank.

Er: Muaschd hald Zeh butza! – Aber komm, i mach dir a Himbeergsälz auf, des hanne jetzt erschd frisch kauft.

Er versucht verzweifelt das Glas mit den Händen aufzuschrauben. – Da blickt sie kurz von ihrer Zeitung auf, nimmt ihm das Glas aus der Hand und schlägt kurz mit dem Handballen auf den Boden des Glases, dreht mühelos das Glas auf und streicht sich ein Brot.

Sie: I möcht bloß wissa, wiea du früher dai Geld vrdient hoschd!

Er sagt gar nichts, wendet sich ab, nimmt ein Spültuch und windet es mit grimmiger Miene aus, wie wenn er jemandem den Hals umdrehen würde. – Da kommt der Sohn in Jeans und T-Shirt ins Zimmer. Erwin rennt sofort nach dem Kaffee.

Sohn: Du Erwin, i hann no ao s letschde Handduach raus ond dai Rasierwasser ischd jetzt voll leer!

Er stellt ihm eine Tasse Kaffee auf den Tisch.

Er: Jo s ischd guad, i wäsch jo heud wieder. – Jetzt regschde aber, en drei Menuda fährt dai Bus!

Der Sohn holt seine Schultasche und geht zum Tisch um einen Schluck Kaffee zu trinken.

Sohn: Isch guad, isch guad Erwin, i ben jo scho fort! *(Er trinkt)* Bäää, jetzt hoschd wieder da Zucker vrgessa Erwin!

Er: Ka jo amol vorkomma, oder?

Der Sohn nimmt seiner Mutter ein Brot vom Teller, greift nach seiner Tasche und sagt, während er das Zimmer verläßt:

Sohn: Wirschd hald ao so langsam ald, Erwin.

Er: Mit dir nemmes no jederzeit auf!

Er bückt sich nach Turnschuhen, dann greift er sich plötzlich ans Kreuz und richtet sich ganz langsam auf.

Sohn: Also ihr zwoi Gruftis – tschau machads guad!

Er: Nemm ao no da Mülloimer mit naus!

Dann sieht er plötzlich das eingepackte Vesperbrot des Sohnes liegen. Er greift danach und rennt zur Tür.

Er: Jetzt hod der sai Veschberbrot liega lassa. – Thomas! – Thomas!

Sie schüttelt nur zeitungslesend den Kopf.

Da erscheint Erwin wieder mit dem Brot in der Hand.

Er: Scho weg – ond dr Mülloimer schdohd ao no do!

Sie: Du wirschd dir scho koin Bruch nahlupfa.

Er: I ka doch so ed vors Haus naus. – Was dädad denn do diea Nochber saga.

Sie: Z todlacha!

Er wendet sich beleidigt ab, streicht sich mit beiden Händen durchs Haar.

Er: Pfff...! – Erschd kürzlich hod Frau Eberle auf em Wochamarkt gsagd, daß i so a edels Profil häb!

Sie: Auf dui derfschd ed ganga, dui sauft!

Er: Andere Fraua wärad schdolz, wenn se so an Mann drhoim heddad.

Sie führt ein Marmeladebrot zum Mund und läßt es versehentlich aufs Kleid fallen.

Sie: Ach du lieabe Zeit, mai schees Kloid!

Er kommt mit dem Spültuch und will das Kleid sauber machen.

Sie: Des hod koin Wert, i muaß mie schnell omzieha.

Er: Ja was willschd denn no ahzieha?

Sie: S Donkelblaue.

Er: Des ischd en dr Reinigung.

Sie: Ond des Gelbgmuschderte?

Er: Ischd beim abändera.

Sie: Ond s Grüne?

Er: En dr Wäsch.

Sie: No zieage hald des beesche ah.

Er: Des muaß i no bügla!

Sie wirft ärgerlich die Zeitung auf den Tisch.

Sie: Ja sag amol, was duaschd denn du de ganz Zeit drhoim? – Aufs Sofa nahliega, Zeitung lesa ond Kaffee drenka?!

Er rennt aus dem Zimmer und kommt mit dem Bügelbrett und dem Bügeleisen zurück und stellt alles sehr umständlich auf.

Er: Jetzt duaschd mir aber Ohrechd!

Er steckt das Bügeleisen ein und sie geht ärgerlich aus dem Zimmer.

Sie: Do wär a Butzfrau ao billicher!

Er sucht hektisch das Kleid aus dem Wäschekorb und legt es auf dem Bügelbrett zurecht. – Dann tippt er immer wieder mit den Fingerspitzen auf die Unterseite des Bügeleisens.

Er: Auf mach nora, s bressiert!

Sie kommt, die Bluse zuknöpfend, angezogen wieder ins Zimmer.

Sie: Komm laß, i hann no ebbas gfonda.

Er: No isch mirs aber rechd. – I ben hald a bißle henda dra, mit em bügla, weil i doch dui Woch de ganze Fenschder butzd hann.

Sie: Koi Wonder send diea Semsa überall bätschnaß!

Sie zündet sich rasch noch eine Zigarette an. Er stellt Bügelbrett und Bügeleisen wieder zurück.

Er: Jetzt rauch doch ed scho wieder. Erschdens duads dir ed guad, ond zwoidens werdad bloß diea Vorheng wieder so schnell gelb!

Sie zündet sich trotzdem die Zigarette an und nimmt einige Züge.

Sie: Du, des oine ka i dir saga, en mainer Wohnung rauch i solang i will ond soviel i will!

Er wirft das Kleid wieder in den Wäschekorb, räumt den Frühstückstisch ab und schaut sich mißmutig nach ihr um.

Er: Ond was des jeda Woch Geld koschdad.

Sie: Solang i s Geld verdien, beschdimm i ao, was drmit gmacht wird! − So weid kommds no!

Sie greift nach ihrer Handtasche und zieht sich die Lippen nach.

Er: Was soll i heut mittag kocha?

Sie: Des ischd mir egal, bloß ed wieder Schbagetti mit Tomatasoß!

Er: No mach i Mauldascha.

Sie: Von mir aus.

Er: Könnt i no heut s Audo hann, daß i zom Bäcker Reutter fahra ka, der hod de beschde Nudlflada?

Sie überprüft im Taschenspiegel noch ihre Frisur.

Sie: Bei dem Wedder fahr i ed mitem Bus!

Er: Ha woisch, no könnt i glei tanka ond nochem Waga gucka lassa.

Sie: Kommt gar ed en Frog! − I brauch den Waga heut em Gschäft.

Sie macht ihre Handtasche zu und geht zur Tür.

Sie: Vergiß ed des Päckle mit auf d Poschd zom nemma, ond für da Thomas diea Bücher abzomhola. Ond end Reinigung kaschd jo no ao glei.

Er greift sich erschrocken mit der Hand an den Kopf.

Er: Ach so jo, könndeschd du mir ed no a Geld do lassa, i hann bloß no zehn Mark em Geldbeutl.

Sie kramt ärgerlich in ihrer Handtasche.

Sie: Ja sag amol, hoschd du scho wieder ällas vrbrauchd? − I woiß ao ed, was du mit dem Geld duaschd. − I glaub, i muaß dir a bißle meh auf d Fenger gucka!

Er: Kauf doch du amol ai! − No siehschd du, wieas Sach emmer teuerer wird!

Sie legt ihm einen Fünfzigmarkschein auf den Tisch.

Sie: Jo, jo, wer woiß, was du ällas für die vom Haushaltsgeld abzweigsch.

Er: Om jeda Mark derf i bettla! — Du könndaschd mir ruhig no a bißale weider Haushaltsgeld geba.

Sie: I glaub do wirds guad sai, wenn mir a Kontogegabuach ahlegad, mo du älle Ausgaba aidrägschd, daß i des besser onder dr Kontrolle hann!

Er: Do kommd ma sich jo vor, wiea an Mensch zwoider Klasse! — So weit kommts no, daß i für jeden Pfennig mo i ausgeb, ao no Rechaschaft ablega muaß. — Mit mir ed, des merkschder!

Sie verläßt wütend das Zimmer.

Sie: Des werdad mir no scho seha!

Er setzt sich verzweifelt auf einen Küchenstuhl. In dem Moment klingelt es an der

Türe. Er streicht sich kurz übers Haar und zieht den Bademantel besser zu, dann geht er zur Tür. – Gleich darauf kommt er wieder rückwärts in den Raum, und eine sehr energische Dame, die Nachbarin, schiebt ihn vor sich her.

Dame: Siea Herr Schönmüller, des oine will i ihne saga, wenn der Radau bis om Mitternacht ond ao no drnoch ed aufhörd, gang i amol zor Bolizei ond zeig siea ah, wega Nachtruheschdörung!

Er: Aber Frau Breitmayer, jetzt send se doch so guad, des ka ma doch aber güadlich klära!

Da schlägt die Nachbarin mit der Hand auf den Tisch, daß das restliche Geschirr klappert.

Dame: Eba nedda! – Jetzt hann i d Nas voll! Des ischd en letschder Zeit so oft vorkomma, daß dui Radaumusik bis noch de Zwölfe dauert. – I meld des jetzt mindeschdens em Hausbesitzer, der wird ihne no scho mit ra Räumungsklage komma!

Er: Aber lieaba Frau Nochber, siea wissad doch, wiea jonge Leud send. Er hod hald a baar Kamerada do ghed ond no hend se sich vor ihre Mädla großmacha wella.

Dame: So, Menscher send ao do gwäa? – Ond des duldad siea? – Des wird da Richter endressiera! Do kommt jo no Kubbalei drzua! – Des ischd mir jo a saubera Gsellschaft dohenna!

Er: Jetzt miassad se aber aufbassa, was se sagad, sonschd werd i narrad!

Dame: Ha do brauchd ma sich jo ed wondera über de Jonge, bei denne Vrhältnis!

Er: Was moinad siea do mit Vrhältnis?

Dame: Des woißd doch de ganz Schdroß, daß Siea noeddamol gschieda send, ond scho mit dera Frau dohanna zemmalebad! – Pfui Deifel vor Ihne!

Er: So jetzt langts mir aber! – Sofort raus! – Verlassad Siea augablicklich mai Wohnung!

Sie geht erhobenen Hauptes an ihm vorbei.

Dame: Ph, ihr Wohnung! − Daß i ed lach. Siea hend doch dohenna soviel zom saga, wiea an Babagai em Schdemmbruch!

Er: Raus! − Aber sofort raus!

Nachdem sie gegangen ist, läßt er sich wieder auf einen Stuhl fallen. − In diesem Augenblick beginnt das Telefon zu klingeln.

Er: Ja des ischd jo a Irrahaus dohenna!

Dann hebt er den Hörer ab und meldet sich freundlich.

Er: Schönmüller, bei Bachmann!
Guta Morga, Herr Bürgermeischder! − Nein, die Frau Stadträtin hat soeba das Haus vrlassa. Ja, leider.
Etwas ausrichda? − Selbschdverschdändlich!

Er klemmt sich den Hörer zwischen Kopf und Schulter und sucht verzweifelt einen Zettel und einen Kugelschreiber.

Er: Nein Herr Bürgermeischder, ich werds nicht vergessa!
Nein, beschdimmt ned, i habs mir aufgschrieba.
Jawoll, – ich dank für da Anruf.
Wiederhöra Herr Bürgermeischder!

Er knallt den Hörer auf die Gabel.

Er: Ha der häld mie aber für an schöna Dackel!
(Äfft ihn nach)
Werden sies auch beschdimmt nicht vergessa? Vielleicht schreiben sies der Frau Stadträtin doch besser auf.
Ha der glaubt beschdimmt, i sei bleed!

Er nimmt den Hörer ab und wählt nach einer kurzen Suche im Telefonregister.

Er: Ja, ist hier die Bäckerei Reutter? – Schönmüller am Apparat! – I hedd gern bei ihne auf Dreiviertelelfe zwoi Nudlflada bschdellt. Isch guad, ja, i dank schee. – Wiederhöra.

Er läßt sich müde wieder auf seinen Stuhl fallen und schüttelt verzweifelt den Kopf. Dann klingelt wieder das Telefon.

Er: Ha des derf doch aber ed wohr sai!
Hier Schönmüller, bei Bachmann!
Ach du bisch. – Noe, i ben noed en dr Reinigung gwäa. – I muaß mie jo ao vorher richda. – Außerdem war d Breitmayere do ond hod sich wieder über da Thomas beschwert!
Ond dai Herr Bürgermeischder hod ao wieder ahgruafa!
Des sag i dir no am Mittagessa!
Wieso ed? – Jetzt hann i scho d Nudlflada bschdellt? – Ja was ißt du no? – En dr Kantine? – Ond des ischd dir heutamorga noed aigfalla?
Was heut obend? – I ben heut obend beim Paul, des ischd scho lang ausgmacht!
Was, dai Scheff zom Essa, heut obend? – Ja no muaß i jo vorher no d Wohnung butza! Noe du, ällas was recht ischd, aber jetzt dur i nemme mit! – I will wieder ens Gschäft ganga ond mai Arbad doa, wiea jeder andere Ma ao! – Do ben i wenigschdens ebber ond i hann main Feierobend ond mai oiges Geld. – Ond brauch ed om jeda Mark bettla! – Jetzt ischd mir nemlich erschd klar worda, was so a Hausfrau zom doa hod. – Jetzt hann i erschd gmerkt, was

i mainer Frau für Ohrecht doa hann! – I pack heut no mai Sach ond gang wieder zrück zo mainer Frau!
Ade du Dracha!

Getrennte Betta wedd i edda

Es kommt so arg en Mode heut,
so viele von de Eheleut,
schlofad nachts, so hört ma emmer
boide en getrennte Zemmer.
I hann oin gfrogt, mo des so macht.
Ma schloft jo ed bloß bei dr Nacht
ond will hald ao mol zemma sai.
Laufd ma no bloß ens Zemmer nai?
Oder wiea sechd dir des dai Frau?
Mi entressiert des hald genau!
Er lachad bloß ond sechd gereift:
»I hör des, wenn mai Frau leis pfeift!«
Trotz ällam ben em i koin Neider:
»Was duaschd«, so frog i monder weider,
»wenn sui ed pfeift ond du hädsch Luscht?«
Ao des hod er mir ed vrtuscht:
»Wenn sui sichs Pfeifa hod vrkniffa,
no ruaf i oifach: Hoschd du pfiffa?«

D Kehrseite von dr Medallje

Bei ma Reicha gangad
meischdens viel meh
Leud zor Beerdigung,
als bei ma Arma!

Dodrfür wardad auf da
Arma meischdens viel
meh Engala, als auf
da Reicha!

Diea arme Reiche

Wenn ma so mitgrieagt,
daß de Arme gerner
ond ao mehr gebbad,
als de Reiche;

ond ma no sieht,
wiea glücklich
ond zfrieda diea
Arme dodrbei send;

ond ma no diea
Reiche saga hört:
»Ja so wäre natürlich
ao zo nix komma!«

No muaß i mie froga,

ob diea Arme ed
reicher send,
als diea
arme Reiche?

S trügt ao oft dr Schei

Wer sich emmer auf da
erschda Eidruck vr-
läßt, den er von
ma Menscha
hod,

wird entweder oft ent-
täuscht oder er vr-
zichdad freiwillig
auf viele Begeg-
nunga mit wert-
volle Menscha!

S kommt emmer drauf ah

Oh jo, beim hola send se älle do,
zo jeder Dages- ond Nachtzeit!

Bloß, wenn ma ebbas helfa
oder geba sodd,
no siehschd auf oimol koin
meh!

Dr schwäbische Mischder Universum

Kürzlich hanne glesa, daß der weltbekannte Bodybuilder Mischder Universum faschd genau so viel wiegt, wiea i.
Also hanne denkt, genügend Masse hoschd jo no, jetzt muaschd des bloß no a bißle gschickter vrdoila! Der hod zwor an Brustomfang ghed, wiea i am Bauch, aber i hann mir gsagd, des brengschd ao no nauf! – Notfalls wirds no hald nauf massiert. Jetzt hanne aus frühere, sportliche Zeita main Dschoggingahzug rausgsuachd ond ahbrobiert. En dr Hos hanne da Gommi weidermacha miassa. Mai Dschoggingjack hanne hald offa lassa ond a Ti-Schört ahzoga. – Des hoißt eigentlich wars a Onderhemd, weils Ti-Schört en mainer Größe ed gebba hod. Ond mone no d Ailegsohla aus maine Turnschuha gnomma hann, bene ao do ordentlich drenn gschdanda.
Also bene los, ens nägschde Sport-Center nai. Do hend se grad mit dr Handkante Dachplatta durchgschlaga. No bene hald wieder ganga. – I moin, wann hod mer scho amol Gelegaheit, ebber saine Dachplatta zom hee macha?
Do hanne scho ebbas rechts lerna wella!

Em nägschda hend zwoi Händel ghed. Se hend so weiße Kittl ond Hosa ahghed, mit schwarze Gürtel ond send mitnander aufem Boda rom gwahlad. – Ond de andere send außarom knuilad ond hend zuaguckt, statt se den Streit gschlichdad heddad!
Also, hanne denkt, jetzt brobierschs no oimol ond do hods no ao klabbt!
Scho außa hend se ema Schaukaschda lauder Bilder von Manna ghed. Diea send en de Badhosa dogschdanda, om se rom an Haufa Fraua en Bikini, ond diea hend denne Manna an de Muskla romdabbad. Des hod mie no scho motiviert!
Aber mo i no naikomma ben, hods do drenna ausgseha, wiea en ra Folterkammer!
A netter Ma, dem mo schier sai Hemmad platzt ischd, vor lauter Muskla, hod mir no diea Gerät älle erklärt.
An dr Schrägbank bene mitem Kopf noch onda doghangad, wiea a Fledermaus. Ond no hedd i mie solla mitem Oberkörper aufrichda ond Rumpfbeuga macha!
Selbst viert hend se mie no schließlich aufghoba ond auf a Bank gsetzt, bis mai Bluat vom Kopf wieder onda en de Zeha war. Ja, no solle hald ebbas leichders macha, hod der gsagd ond hod mie an so an 6-Stationa-Turm nahgsetzt, mit vollverchromte Steckgwicht ond integrierte Laufbuchsa.

Hoi, hanne denkt, des ischd ebbas für mie ond no hanne amol an dene Bügl zoga. − Jetzt send diea scheints zemmagschwoißt gwäa. − Jedenfalls send se überhaupt koin Milimeter noraganga! No hod mir der Herr s kleinschde Gwicht aufglegt mo möglich war, also 10 Kilo, ond des ischd no ao einigermaßa guat ganga.

Mit dr Zeit ischd mir no aufgfalla, daß diea andere Athleta ällaweil so zischt, keucht ond pruschdad hend, bei ihre Übunga. − No hanne hald ao vor mie nah gschriea, mo i maine Gwicht gschdemmd hann. Aber nochher hannes voll fertich gmacht, mit ihre aufbombde Fahrradschlauchmuskla!

Do ben i en dr horizontala Beinpresse drenn ghockd. − Ond weil maine Füaß jo emmer des Gwicht omananderschloifa miassad, hann i mir von dem Ober-Body-Builder 180 Kilo auflega lassa. − No hanne maine Hend henderem Kopf vrschränkt ond hann ahgfanga, diea Gwicht zom nausdrucka. − No ischd denne schier s Gebiß rausgfalla. − Ond mo i no drzua nah so lässig vor mie nah pfiffa hann, ischd oiner mitsamt sainer Langhantelstang vom Bauchmuskelbrett gfalla.

Zom Glück hod grad niemand herguckt, mo i aus dera Trainingsmaschee rausgrablad ben. − I hann so da Knuischnabber ghed, daß i zerschd hann auf da Boda sitza miassa, sonschd wär i omkippt. I hann so doa, wiea wenn i sowieso grad maine Schuha benda müßt. Aber mo i no aufgschdanda ben, hanne gaudschad, wiea an Seemann, noch zwoi Johr aufem Schiff.

Aigentlich ben i jo scho fix ond fertich gwäa, mo der wieder komma ischd, mit de gschwollane Muskla, i ben aber no trotzdem en dui diagonala Zugmaschee naigschdanda ond hann so noch vorna beugt Gwicht noch außa zieaga miassa.

Hondertmol hedd i des macha solla, noch fuffzichmol hanne aber scho gmerkt, daß i nemme aufrecht nahschdanda ka. No hanne hald en dr Vrzweiflung weiter gmacht, solang, bis der Aufseher von dera Folterkammer mie wieder gholt hod.   No ben i dem hendadrai glaufa, wiea dr Glöckner von Nottredam!

An dr Protein-Bar hend se mir no mit Strohhälmla an Eiweiß-Mineral-Drink aigflößt, weil i vor lauder Überahstrengung hann eddamol meh s Glas heba kenna. − Ond no hanne miassa en so a bilaterala Hochleischdungs-Bizepsmaschee naisitza ond hann bombad, bis i lauder schwarze Männla gseha hann. Drnoch hann i so mit Ärm ond Füaß zittert, daß i eddamol meh da Johresvertrag mit dem Sport-Center hann onderschreiba kenna. − Zom Glück! Weil nemlich glei drauf a jongs Mädle raikomma ischd, mo oben ohne war. − Ha dui hod ihre Brüscht nausgschdellt, daß ällas zschpät gwäa ischd. – No isch se direkt auf mie zuaglaufa. Heida Wetter, hanne denkt, des wird recht, ond ausgrechnad grad jetzt war i en soma vrheerenda Zuaschdand.

Aber mo dui no ahfanga schwätza hod, hanne gmerkt, daß des jo an jonger Kerle war. – No hodd der saine Bruschdmuskla jugga lassa ond hod gsagd, er sei dr Co-Trainer ond miass jetzt no a bißle noch maim Latissimus gucka.

No hanne aber zonnem gsagd: »Guck Du noch Daim oigana, Du Saukerle!«

Ond no bene ganga.

Mo i no draußa auf dr Stroß vor maim Waga knuilad ben, aufgschlossa hann ond mie mühsam auf da Fahrersitz zoga hann, do hann i mir fai feschd vorgnomma, daß de oinzig Muskl, mo i en maim Leaba no trainier, mai Kaumuskulatur ischd!

Wahre Freunde

Wiea schnell sechd oiner:
»I ben dai Fraind!«

Frogsch den amol, ob er
dir bei ebbas hilft,
oder ob er dir vielleicht
a Geld bomba könnt.

No wirsch bald seha,
wiea der des gmoind hod!

S Daschaschbieagale

Dr Karl ischd ed dr Hellschde gwäa,
ond ao sai Weib war bleed.
Des hod ma scho von weitem gseha,
se hend an Macka keed.

Em Karle warad d Hosa z eng,
drotz dreifach gnähtem Spickl.
»Ha kauf dr hald no so a Deng!«,
so hodden sui am Wickl.

No fährt dr Karl end Großschdadt glei,
ond sui bleibd bei de Küha.
Es ischd ra gar ed wohl drbei,
bei Manna woißt ma niea!

Dr Karle kauft zwoi Hosa ai,
ond grieagt dort an dr Kass,
an Daschaschbieagl hendadrai,
den nemmder mit auf d Gass.

Ond dort saidr: »Ha wonderbar,
des ischd doch s Bild vom Vadder,
mo er no ebbas jenger war,
ha des wurd emmer gladder!

Hend diea a Bild vom Vadder ghedd«,
er guckads äwwl ah.
»Des zaig i mainer Alda ed,
weils dui ed seha ka,

wenn i mol ebbas oiges hann.«
Er lachad vor sich nah,
ond guckd em Zügle dann ond wann,
den Schbieagl wieder ah.

Em obends gohder nah en Schdall,
sai Weib suachd Hosa aus.
Sui draudem ed, auf gar koin Fall,
ond zuid den Schbieagl raus!

Se guckad nai ond schreit wiea bleed:
»Do dreht mirs jo mai Kuttl!
Jetzt hod der doch a Menschle keed,
ond so a wiaschda Zuttl!«

Ach der schöne Schwartamaga

Mai Nochber gohd äll Dag schbaziera,
er duad sain Schäferhond ausführa.

Dr Hond derf ohne Leine laufa,
er duad ed gern mit andre raufa.

Se kommad aufem Weg vorbei,
an ra großa Metzgerei.

Do ischd ehm schnell sain Hond vrdlotta,
zor Wurschtküche schdohd Düra offa.

Der Hond schbrengt nai ond hod ed faul
an Schwartamaga en saim Maul.

Ond mit dem Denger schbrengt der Donder
wiea dr Blitz dui Schdroßa nonder.

Dr Metzger guckt ehm hendadrai
ond schreit zom Nochber: »Heidanai,

du pfeifschd sofort daim baisa Hond!«
»Ha dodrfür sieh i koin Grond!«,

hört ma no main Nochber saga,
»Pfeif doch du daim Schwartamaga!«

Merkwürdig ...

... daß so viele Fromme auf diea ronderguckad,
mo ed end Kirch gangad.

... daß so viele Fromme froh send, daß se ed
so send wiea de andere.

... daß so viele Fromme über andere richtad
ond da Stab brechad.

... daß so viele Fromme meilaweit ond engelsgleich
über dene andere schwebad, mo nix daugad.

... daß so viele Fromme moinad se seiad fromm,
weil se sonndags end Kirch gangad, ond werk-
dags blogad se no wieder ihre Mitmenscha.

... daß so viele Fromme moinad se seiad frei von
Schuld, ond sich no nonderbuckad ond da ersch-
da Stoi aufhebad.

Merkwürdig – ma könnt grad moina, se dädad gar
ed zuahöra, was ehne dr Herr Pfarrer äwwl do em
sonndags en dr Kirch ällas vrzehlt!

En dr Sauna könntsch auf dr Sau naus

Zom erschda Mol en maim Leba ben i en a Sauna ganga. — Ond des ao bloß, weil so a baar Schlangganggaler gsagd hend, wiea ma do ao äwwl abnemma där. Also hanne mai Badhos aipackt, a Handduach, mai Badsach, ond no bene en so a Sauna gfahra.

Nadierlich hanne mit Massasche gnomma, weil se gsagd hend, des däd so arg ans Fettgewebe ganga. No hod me ällas zemma 44 Mark koschdad. Scho do hanne gschwend denka miassa: Hano — do wär vielleicht s Hongera doch billiger!

No hanne so a Armbändle grieagt, mit ma Schlüssel dra ond ra Nummer — ond no bene nai. Vor maim Kloiderkaschda Nummer 16 ischd a äldera Frau gschdanda, dui hod vielleicht s Doppelde von mir gwoga, falls sich des ebher vorschdella ka, ond hod grad vrsuachd, sich ihr Kloid, Modell Litfaß, über da Kopf zom zieaga.

»Hoi, hanne gsagd, hend Se koi Geld, sich an oigana Omkleideschrank zom mieata?«

No hod se ihr Kloid wieder zrickgschoba ond hod me ahgfaucht: »Siea jonger Mann, i hann mir fai scho oigane Omkleideschränk gmieatat, do hend Siea no end Hos gschissa!«

Des hod mir no scho gfalla. – Des mit dem jonga Mann. – I moin, des hört ma en maim Alter gern. Mir warad ons no ao sofort sympathisch.

Se hod mir mai Armbändle aus dr Hand grissa, hods omdreht ond mir wieder nahghoba. »Wiea wärs, wenn Ses statt Nummer 16 am Schrank Nummer 91 brobiera dädad, Sie geistiger Tiefflieager!«

I hann mie no feschd bedankt. S hod ao tatsächlich gschdemmd, ond no hann i mie en äller Ruha ahfanga auszieaga.

Omkleidekabina hods anscheinend koine gebba mone hedd nai kenna. Ond en dem Kloiderschrank isch mirs z eng gwäa. Also hanne mai Hemmad, mai Hos, maine Schtrempf ond Schuha ronderdoa, ond no bene leise bis vor zom Gang gschlicha ond hann guckt, ob grad niemand om da Weg ischd. – Ond no

bene blitzschnell von dr Onderhos raus ond end Badhos naigschlupft. Koi Sekond z spät! – Kaum hanne da Gommi schnabba lassa, kommt ao scho mai Litfaßsäule omd Eck rom.
Budelnackad! – Heidawedder, hanne denkt, zo was will ao i abnemma!
I hann grad wella auf dui Holzbank vor de Omkleideschränk steiga, daß se vorbei kommt, frogt dui mie auf oimol: »Gell Sie send ao noed oft drbei gwäa?« I hann no vrmuadad, daß se d Sauna moind ond hann da Kopf gschiddelt.
»I hann mirs denkt«, hod se no gsagd, »end Sauna zieagd ma nemlich koi Badhos ah. Also ronder mit dem Fetza, sonschd kommad Se do ed nai!«
Hanoi, hanne denkt, mo dui Dür hender sich zuagmacht hod, hanoi, des duaschd edda. Aber no send mir maine 44 Mark aigfalla ond no isch ganga!
En dr Dusche ischd bloß mai monumentala Saunafreundin gschdanda ond hod sich gwäschad.
I ben no rückwärts naiglaufa, wiea an Krebs, daß se nix seha soll, ond no hanne mie ausgiebich gwäschad, en dr Hoffnung, daß dui endlich gohd. Aber dui hod jo a no viel größera Fläche zom wäscha ghed wiea i. Also hann i mie a zwoits Mol durchgwäschad. – No hod sui endlich aufgebba ond ischd ganga.

Mo i ihra nochguckt hann, hanne denka miassa, hano, so arg kahs no en dera Sauna ao ed sai mitem Abnemma. – Es sei denn, Se frißt nochher ällas wieder na! No hanne also mai Handduach vor mie nahghoba ond ben en des Saunabad nai.

Jetzt warad do a baar so Holztüra, mit klaine Fenschder drenn, aber hender de maischde send Leut gsessa. – Bis auf oina ond do bene nai. S war zwor donkel do drenn ond ao ed arg warm, aber Haubtsach i war alloi. – No hanne mai Handduach ausbroided, ben draufgsessa ond hann sauniert.

Noch ma Weile hod dr Badmoischder Dür aufgrissa ond hod gfrogt was i do där. – I hann mir gschwend überlegt, obe ed saga soll: Krautschdampfa oder Gurka aidünschda, aber no hanne mie beherrschd ond hann gsagt: »I hock en dr Sauna!«

No hod der gsagd, dui sei außer Betrieb, hod mie am Arm gnomma ond en a andera Sauna naigschoba mo Licht brennt hod.

Mir ischd schier s Handduach aus de Hend gfalla, was sicherlich an sofortiga Infarkt mainerseits noch sich zoga hedd, weil mie ällas so ahgschdiert hod. No hanne gseha, daß komischerweis ganz oba niemand gsessa ischd. Also bene zwischa de Leut durchkrebslad ond hann mie mitem Bauch auf mai Handduach glegt. No hod ao des Interesse an mainer Perso wieder nochlassa!

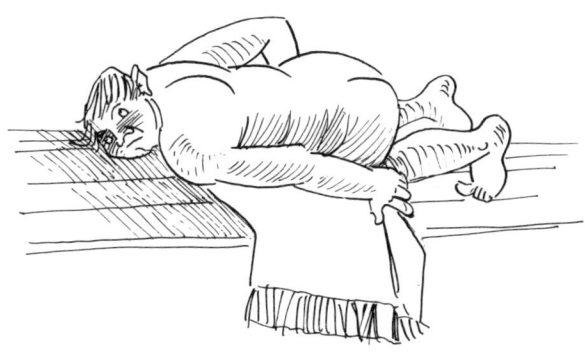

Inzwischa hanne gmerkt, daß do oba jo millionisch hoiß war. I hann schwitza miassa, wiea noch ma hoißa Mittagessa.
Ha irgendwann miassad diea doch ao amol ganga, hanne noch ra Viertelstond denkt, ond hann bei mainer Schwitzwasserversorgung auf Reserve omgschaldad.
A baar Mol isch mirs scho leicht schwummrich wor da vor de Auga, aber om nix auf dr Welt wär i vor dene andere wieder nondergschdiega. I war grad am ohmächtigwerda, no send se auf oimol faschd älle gleichzeitig aufgschdanda ond ganga. — Aber weil no a jüngers Mädle dogsessa ischd hanne denkt, dui wardeschd ao no voll ab. — Ond des ischd mir no zom Vrhängnis worda.

Dui Saunadür ischd bis zom Ahschlag aufgrissa worda ond no ischd mai Litfaßsäule raigwalzt.

Ond bevor i mir überlegt ghed hann, ob i no gnuag Kraft hann zom om dui romlaufa ond ganga, hod dui scho aus ra Schnapsflasch a baar Schucker auf diea Stoiner gleert ond no hod se sich dr Länge noch auf des Brett onder mir glegt, – auf da Buckel na!

So, ond jetzt war des Deng gschwätzt! – I hann gwißt, daß i koin so weita Schritt macha ka über dui nomm, auf de übernägschd ondera Ebane. – Entweder i hedd mir d Fiaß auskugelt oder i wär dera aufem Bauch ghockt, also bene liega blieba.

Romdreha auf da Rücka hanne me jetzt ao nemme traut, weil dui äwwl so guckad hod.

Maine Ribba hend mir weh doa, schlecht isch mers gwäa von dr Hitz ond jetzt hod ao no der Schnapsaufguß raufgschdonka, wiea beis Penners onder dr Brück.

I woiß ed, wiea lang i bewußtlos war. – Jedenfalls bene wieder zo mir komma, draußa em Saunafreihof en ra Liege, – aufem Rücka, – ohne Handduach! Etwa zwoihondert Menscha send om mie rom gschdanda. Do drondert d Frau Litfaß ond dr Badmoischder.

Siea zwoi häbad mie jo ao rausgschloift aus dr Sauna, hod dr Badmoischder gsagt, moner mir wieder a Löffale voll Kreislauftropfa aigebba hod. S erschde, was i mie hann saga höra war: »Mo ischd mai Handduach?« — No send zwoi gsauad ond hondertachtaneunzig hend weiter guckd.

I hann mir so arg a weitera Ohmacht gwönscht, aber i hanns miassa auskoschda, bis des Handduach komma ischd.

Es war zwor s letschde Mol, daß i en ra Sauna gwäa ben. Aber oi guads hod dui Sach doch ghed: I hann inzwischa mai Scheu vorem auszieaga insoweit vrlora, daße wenigschdens nemme s Licht ausmach, wenn i mie drhoim omzieag!

I wedd a Schneck sai

I wedd a Schneck sai, no könnt i mie
ällamol en mai Häusle zrückzieaga,
däd da Deckel zuamacha, ond no
könndad mir älle da Buckel
oder s Schneckahaus
nonderrutscha!

I wedd dui Ruha hann von ra Schneck.
Koi Hektik, koin Streß ond koi
Aufregung, bloß dui unend-
licha Ruha von ra
Schneck!

I wedd des Gottvertraua hann von ra Schneck,
mo em morgens vor maim Haus ahfangt über
d Stroß zom krieacha, ond wenn i em
mittags hoimkomm sieh i ihr Spur
ohne Onderbrechung auf dr
andera Stroßaseit em Gras
vrschwenda!

Deshalb wedd i a Schneck sai!

S Vateronser auf schwäbisch

Lieaber Vadder em Hemml!
Dai Nama ischd ons hoilig.
Dai Hemmlreich soll ao zo ons komma.
Des was Du willschd soll bassiera,
bei Dir droba ond ao bei ons dohonda.
Gib ons emmer wieder ebbas
zom essa ond zom drenka.
Ond sei ons ed bös, wenn mir
wieder amol ebbas ahgschdelld hend,
genau so, wiea ao mir denne
ed bös send, mo wega ons a
schlechds Gwissa hann soddad.
Ond dur ons ed ausbrobiera,
ob mir ao emmer schdandhaft
bleiba kennad, sondern sei so guad,
ond vrdreib des Deifale en ons.
Weil de ganz Welt ond mir älle
ghörad Dir. Aus Dir kommt de ganz Stärke,
ond Du überstrahlschd ällas, mit Dainer
Lieabe, Güade ond Weisheid,
bis en älle Zeita.

Ama.

Winfried Wagner

1949
Am 5. April in Metzingen geboren. Nach Beendigung der Schulzeit, Lehre bei der Volksbank Metzingen und dort als Abteilungsleiter tätig.

1972 3 1/2 Jahre Fernstudium an der Hamburger Autorenschule. Schriftstellerei und Journalismus, Film, Funk- und Fernsehautor.

1976 Drehbücher für eine Comiczeitschrift, die in sechs Sprachen übersetzt wird und in neun europäischen Ländern erscheint.

1977 Mundarthörspiele für den Südwestfunk. Silbermedaille in einem landesweiten Werbetexterwettbewerb. Gag- und Ideenlieferant für ARD-Fernsehshows.

1978 4. Preis beim Wettbewerb für Mundartautoren der Landesregierung. Beginn der landesweiten Vorträge.

1979 Erster Auftritt im Süddeutschen Rundfunk. Ehrung durch Ministerpräsident Lothar Späth. Beginn einer Serie von Zeitungskolumnen.

1980 Erster Fernsehauftritt im SDR und Drehbücher für das SDR-Fernsehen. Fertigstellung des ersten Buches mit dem Titel: »Mir Schwoba send hald ao bloß Menscha« im September. Im Dezember ist über die Hälfte der Auflage bereits verkauft.
1981 Moderator der bundesweit ausgestrahlten ARD-Fernsehshow »Stuttgarter Nachmittag«, und Fernsehmoderator des S 3 Abendprogrammes. Fertigstellung des zweiten Buches mit dem Titel: »Schwäbische Gschichta«.
1982 Ausstrahlung des ersten Fernsehspiels durch das SDR-Fernsehen. Fertigstellung des dritten Buches mit dem Titel: »Bloß guad, daß i an Schwob ben«.
1983 Fertigstellung des vierten Buches mit dem Titel: »Ons Schwoba muaß ma oifach möga«.
1984 Fertigstellung des fünften Buches »Berno«, einer Erzählung aus dem frühen Mittelalter.
1985 Hochzeit mit Sabine, geb. Werner aus Ulm.
1986 Ständiger Kolumnist der Monatszeitschrift »Schönes Schwaben«.
1988 Im Mai: Umzug ins eigene Heim nach Dettingen an der Erms. Ab September: Alleinautor der wöchentlichen SDR-Hörfunkserie »Drogerie Stegmeier«. Fertigstellung des sechsten Buches mit dem Titel: »Humor auf Schwäbisch«.
1989 Seit Juli: Freier Schriftsteller und Rezitator. Fertigstellung des siebten Buches mit dem Titel: »Mai lieaber Fraind! – Die heiteren Briefe des leidgeprüften Schwaben Eugen Emberle«.

Hans Helferstorfer

Am Mittwoch den dreizehnten Mai neunzehnhundertacht um die Mittagszeit, hab ich das Hofstettener Licht in Niederösterreich erblickt. Schon sehr bald wurde mir das Nichtstun zu dumm und als meine älteren Geschwister ihre Schiefertafeln und Griffel nicht mehr brauchten, beschäftigte ich mich damit am liebsten. Zuerst waren es die schrillen Kratztöne auf dem Schiefer, die mich als kleinen Bub erfreuten, doch bald wurden es die weißen Striche auf dem schwarzen Grund, die mich beeindruckten. So begann meine lebenslange Lieblingsbeschäftigung, denn Spielzeug gab es wenig. Ein Bleistift war dann schon ein Fortschritt, aber an leeres Papier zu kommen, war ein Problem. Doch mit der Zeit würden meine „Leistungen" immer besser und sehr oft bekam ich diese Worte zu hören: „Schade um das Talent". Geholfen hat mir jedoch niemand. Nach der Schulzeit war mein einzigster Gedanke, in München zu leben! Ich kam bald dorthin und würde des Schauens und Arbeitens nicht müde — es war für mich wie ein schöner Traum. Die Jahre gingen dahin und durch Zufall kam ich nach Urach, wo ich fürs Leben hängen blieb und von wo aus ich hoffentlich noch lange meine mir so lieb gewordene Alb mit ihren schmucken alten Dörfern zeichnen oder malen kann, Block und Stift sind immer meine Begleiter. Oder aber - ich sitze zu Hause und bringe meine Gedanken und Gefühle auf Papier oder Leinwand. Geschrieben am zehnten Sept. 82.

Im gleichen Verlag sind erschienen:

Im Verlag Karl Knödler sind u. a. noch erschienen:

Rosemarie Bauer/Doris Oswald
Klärle, ons lauft d Zeit drvo
Fred Boger
Aus em Ländle
M. Bosch/J. Haidle
Schwäbische Sprichwörter
und Redensarten
Fritz Joachim Brückl
Peterle vo dr Pfaffaschtub
Franz Georg Brustgi
A rechter Schwob wird nie ganz zahm
Eine kurze Spanne Zeit
Heiteres Schwabenbrevier
Klang der Stunde
Kleines Schwäbisches Wörterbuch
Lichter spiegeln im Fluß
Uf Schwäbisch gsait
Schnurren um Franz Napoleon
So send se, dia Schwoba
Zu sein ein Schwabe ist auch eine Gabe
Kurt Dobler
Fürs Herz ond Gmüat
Onder ons gsait
Norbert Feinäugle
Kleines Reutlinger Lesebuch
Harald Fischer
No so drhärgschwädsd
Drondernai
Lore Fischer
Von Adam ond Eva bis zu de Schwoba
Dr. Frosch
An schimmernden Gewässern
Auf spätem Pfad
Reutlingen aus der Frosch-Perspektive
Wolkenlücken
Traumbilder
Bruno Gern
Des laß dr gsait sei
Sonnascher und Reaga
Sonnawirbel
Erwin Haas
Allaweil gradraus
Wohl bekomm's
Uf da Zah' gfiehld
Württemberg, oh deine Herren!
Karl Häfner
Heimatsprache
Mier Schwobe wearnt mit vierzge gscheit
Vom schwäbischen Dorf um die
Jahrhundertwende
Vom Vierzger a' / Alte Leut
Georg Holzwarth
Denk dr no
Ernst Kammerer
So isch no au wieder
Karl Keller
Poetisches Hausbüchlein für Schwaben
Otto Keller
Sacha ond Sächla
Schnitz ond Zwetschga
's End vom Liedle
Lore Kindler
D'r Spätzlesschwob
Matthias Koch
Kohlraisle
Wilhelm König
A Gosch wia a Schwert
Dees ond sell *(auch mit Schallplatte)*
Du schwäddsch raus *(mit Schallplatte)*
Hond ond Kadds
König/Lehr
Mol schwäbisch — mol badisch
Kurrle/Marx-Bleil
Froge därf mer
Gell, do guckscht!
Alfred Leucht
Württemberg vor 500 Jahren

Hedwig Lohß
Aus meim Schwalbanescht
Eugen Lutz
Mei' Wortschatz
Manfred Mai
So weit kommts no
Marianne Menzel
Kätherles Schternschtonda
's Kätherle läßt d'Katz aus em Sack
Bernd Merkle
Au no dees
Drhoim rom
So semmer hald
Helmut Pfisterer
Weltsprache Schwäbisch
Rösle Reck
Alles ischt menschlich
Marie Richter-Dannenhauer
A bonter Strauß Vergißmeinnicht
Ilse Rieger
Oder it?
Sebastian Sailer
Schriften im schwäbischen Dialekte
Adolf Schaich
Jetz isch letz
Hilde Schill
Moosrösle
s' Schatzkämmerle
Heinz-Eugen Schramm
... Er kann mich hinden lekhen
Kaum zu glauben ...
Magscht mi?
Maultasche
Wia mr's nemmt
Tübinger Gogen-Witze
Karl Setz
Dodeldum
Lina Stöhr
Grad zum Possa!
Hoimetkläng
Wendelin Überzwerch
Erzähltes und Geschütteltes
Uff guat schwäbisch
Sprache des Herzens
Werner Veidt
Heiter fällt das Blatt vom Baum
I möcht amol wieder a Lausbua sei
Mr schlotzt sich so durchs Ländle
Oh Anna Scheufele
(Alle 3 Ausgaben auch in Kassette)
Friedrich E. Vogt
Bsonders süffige Tröpfla
En sich nei'horcha
Schwäbenflbcl
Schwäbisch auf deutsch
Schwäbisch mit Schuß
Schwäbische Spätlese in Versen
Täätschzeit
Winfried Wagner
Berno
Bloß guad, daß i an Schwob ben
Humor auf Schwäbisch
Ons Schwoba muaß mo oifach
möga
Schwäbische Gschichta
Mai lieaber Fraind!
Mir Schwoba send hald ao bloß
Menscha
Rudolf Weit
Grad so isch
Net luck lao
No net hudla
Ois oms ander
Willrecht Wöllhaf
... was mir grad en Strompf kommt
Heinz Zeller
De ei'gspritzt Supp

In allen Bändchen findet der Leser und Vortragskünstler humorvolle, bodenständige und »bodagscheite« Gedichte, Witze, Anekdoten und Prosatexte zum eigenen Vergnügen und zum Vortragen in fröhlichen Kreisen.

Im Verlag Karl Knödler sind u. a. noch erschienen:

Rosemarie Bauer/Doris Oswald
Klärle, ons lauft d Zeit drvo
Fred Boger
Aus em Ländle
M. Bosch/J. Haidle
Schwäbische Sprichwörter
und Redensarten
Fritz Joachim Brückl
Peterle vo dr Pfaffaschtub
Franz Georg Brustgi
A rechter Schwob wird nie ganz zahm
Eine kurze Spanne Zeit
Heiteres Schwabenbrevier
Klang der Stunde
Kleines Schwäbisches Wörterbuch
Lichter spiegeln im Fluß
Uf Schwäbisch gsait
Schnurren um Franz Napoleon
So send se, dia Schwoba
Zu sein ein Schwabe ist auch eine Gabe
Kurt Dobler
Fürs Herz ond Gmüat
Onder ons gsait
Norbert Feinäugle
Kleines Reutlinger Lesebuch
Harald Fischer
No so drhärgschwädsd
Drondernai
Lore Fischer
Von Adam ond Eva bis zu de Schwoba
Dr. Frosch
An schimmernden Gewässern
Auf spätem Pfad
Reutlingen aus der Frosch-Perspektive
Wolkenlücken
Traumbilder
Bruno Gern
Des laß dr gsait sei
Sonnaschei und Reaga
Sonnawirbel
Erwin Haas
Allaweil gradraus
Wohl bekomm's
Uf da Zah' gfiehld
Württemberg, oh deine Herren!
Karl Häfner
Heimatsprache
Mier Schwobe wearnt mit vierzge gscheit
Vom schwäbischen Dorf um die
Jahrhundertwende
Vom Vierzger a' / Alte Leut
Georg Holzwarth
Denk dr no
Ernst Kammerer
So isch no au wieder
Karl Keller
Poetisches Hausbüchlein für Schwaben
Otto Keller
Sacha ond Sächla
Schnitz ond Zwetschga
's End vom Liedle
Lore Kindler
D'r Spätzlesschwob
Matthias Koch
Kohlraisle
Wilhelm König
A Gosch wia a Schwert
Dees ond sell *(auch mit Schallplatte)*
Du schwäddsch raus *(mit Schallplatte)*
Hond ond Kadds
König/Lehr
Mol schwäbisch – mol badisch
Kurre/Marx-Bleil
Froge därf mer
Gell, do guckscht!
Alfred Leucht
Württemberg vor 500 Jahren

Hedwig Lohß
Aus meim Schwalbanescht
Eugen Lutz
Mei' Wortschatz
Manfred Mai
So weit kommts no
Marianne Menzel
Kätherles Schternschtonda
's Kätherle läßt d'Katz aus em Sack
Bernd Merkle
Au no dees
Drhoim rom
So semmer hald
Helmut Pfisterer
Weltsprache Schwäbisch
Rösle Reck
Alles ischt menschlich
Marie Richter-Dannenhauer
A bonter Strauß Vergißmeinnicht
Ilse Rieger
Oder it?
Sebastian Sailer
Schriften im schwäbischen Dialekte
Adolf Schaich
Jetz isch letz
Hilde Schill
Moosrösle
s' Schatzkämmerle
Heinz-Eugen Schramm
… Er kann mich hinden lekhen
Kaum zu glauben …
Magscht mi?
Maultasche
Wia mr's nemmt
Tübinger Gogen-Witze
Karl Setz
Dodeldum
Lina Stöhr
Grad zum Possa!
Hoimetkläng
Wendelin Überzwerch
Erzähltes und Geschütteltes
Uff guat schwäbisch
Sprache des Herzens
Werner Veidt
Heiter fällt das Blatt vom Baum
I möcht amol wieder a Lausbua sei
Mr schlotzt sich so durchs Ländle
Oh Anna Scheufele
(Alle 3 Ausgaben auch in Kassette)
Friedrich E. Vogt
Bsonders süffige Tröpfla
En sich nei'horcha
Schwabenfibel
Schwäbisch auf deutsch
Schwäbisch mit Schuß
Schwäbische Spätlese in Versen
Täätschzeit
Winfried Wagner
Berno
Bloß guad, daß i an Schwob ben
Humor auf Schwäbisch
Ons Schwoba muaß ma oifach
möga
Schwäbische Gschichta
Mai lieaber Fraind!
Mir Schwoba send hald ao bloß
Menscha
Rudolf Weit
Grad so isch
Net luck lao
No net hudla
Ois oms ander
Willrecht Wöllhaf
… was mir grad en Strompf kommt
Heinz Zeller
De ei'gspritzt Supp

In allen Bändchen findet der Leser und Vortragskünstler humorvolle, bodenständige und »bodagscheite« Gedichte, Witze, Anekdoten und Prosatexte zum eigenen Vergnügen und zum Vortragen in fröhlichen Kreisen.